广东梅县客家围龙屋
建筑遗产及其评价研究

Research on the Heritage of Hakka Wai Long House in
Meixian Guangdong and Its Evaluation

杨帅 著

中国建筑工业出版社

图书在版编目（CIP）数据

广东梅县客家围龙屋建筑遗产及其评价研究＝
Research on the Heritage of Hakka Wai Long House
in Meixian Guangdong and Its Evaluation／杨帅著
. 一北京：中国建筑工业出版社，2020.7
ISBN 978-7-112-25220-6

Ⅰ.①广… Ⅱ.①杨… Ⅲ.①客家人－民居－古建筑
－文化遗产－研究－梅县 Ⅳ.①K928.71

中国版本图书馆CIP数据核字（2020）第093306号

本书主要分为两个部分。第一部分以位于客家中心区域的梅县为范围，对辖区内围龙屋这一形制的客家传统建筑遗产进行剖析研究，重点对客家围龙屋产生、演变的过程以及围龙屋的基本形制、结构、组成和建造方法进行论述。第二部分构建了多层次、综合性的客家传统建筑量化评价体系。体系中明确各赋值因素组成，同时加入SD差别法判断因子评级，深化量化评价方法，提高评价体系的科学性、有效性及实用性，并且以案例研究的方式验证评价体系的可行性，最后分析总结了案例中围龙屋的价值分布及今后保护性开发的方向。

全书可供广大建筑师、建筑历史与理论工作者、建筑遗产保护工作者以及高等建筑院校建筑学专业师生学习参考。

责任编辑：吴宇江　陈夕涛
责任校对：李美娜

广东梅县客家围龙屋建筑遗产及其评价研究
Research on the Heritage of Hakka Wai Long House in Meixian Guangdong and Its Evaluation
杨帅　著
＊
中国建筑工业出版社出版、发行（北京海淀三里河路9号）
各地新华书店、建筑书店经销
北京锋尚制版有限公司制版
北京建筑工业印刷厂印刷
＊
开本：787毫米×1092毫米　1/16　印张：9¾　字数：188千字
2020年8月第一版　2020年8月第一次印刷
定价：45.00元
ISBN 978-7-112-25220-6
（35983）

前言

　　建筑，作为居住文化的表象，是历史信息的重要载体，也是人类文化的重要内容。建筑造型的演变发展，往往能形象地反映出一个地区总体文化脉络的进程。这种演变，是人们最直接、最普遍的自我表现。客家人是汉族的一个民系，是古代中原人民为躲避战乱、灾荒数次南迁而逐渐形成的一个族群。目前客家人主要聚居在闽粤赣三省交界的地区。客家地区是一个有着独特生态环境与人文历史的地区，由于社会环境、自然条件的限制，其建筑文化长期以来处于相对封闭的状态。客家传统建筑与自然和谐共生，以建筑布局之美、造型之独特、文化内涵之丰富在中国民居建筑中独树一帜。近现代以来，随着城市更新和经济发展的加快，封闭的文化圈逐步走向开放，传统建筑不可避免地受到现代建筑文化的冲击，需要建构一套完整的客家建筑保护制度对其进行合理分级处置。

　　本书主要分为两个部分。第一部分以位于客家中心区域的梅县为范围，对辖区内围龙屋这一形制的客家传统建筑遗产进行剖析研究，重点对客家围龙屋产生、演变的过程以及围龙屋的基本形制、结构、组成和建造方法进行论述。围龙屋一般由堂屋、横屋、化胎、围屋、风水塘、晒谷场等部分组成，并由各部分的连接处形成天井、天街。因建造地形、时代、家庭经济情况等原因，每个围龙屋的形态和房间数量会有差异。对客家围龙屋内部装饰手法进行了归纳和总结，发现围龙屋的装饰风格中多以谐音来表达被象征的吉祥内容，这也是中国传统吉祥文化最普遍的一种表达方法；装饰多集中在位于建筑中轴线的堂屋和建筑外立面上，尤其是在围龙屋的上堂屋和祖龛处，两侧的横屋和围屋装饰较少。随着年代的推移，装饰手法越来越多样，内容也越来越丰富，建筑上的石雕、木雕也越来越精美。再然后以建筑文化作为切入点，归纳总结围龙屋这种建筑出现的社会文化环境。分析了产生围龙屋这种特有建筑形制的人文思想背景，解读围龙屋中特有组成如化胎、龙穴、五行石等部分的文化信仰和意义。第二部分构建了多层次、综合性的客家传统建筑量化评价体系。体系中明确各赋值因素组成，同时加入SD差别法判断因子评级，深化量化评价方法，提高评价体系的科学性、有效性及实用性，并且以案例研究的方式验证评价体系的可行性，最后分析总结了案例中围龙屋的价值分布及今后保护性开发的方向。

围龙屋民居评价体系是建立客家民居建筑保护制度中的重要一环，可以解决在新的历史时期，客家历史建筑等级分类不明确、保护标准不一的问题。本书是综合运用跨学科跨领域研究的一次探索。研究涉及建筑学、社会学、文化史、民俗、建筑发展历史、人类活动发展历史、科学统计方法等多学科内容，是跨学科协同创新研究的尝试。希望本书能为客家传统建筑的保护及利用贡献一份力量。

目录

第 **3** 章　广东梅县地区传统客家建筑研究 / 49

第 **4** 章　围龙屋建筑文化内涵研究 / 77

第 5 章　围龙屋价值评价体系构建 / 97

第 6 章　围龙屋价值评价体系的应用 / 113

第 **1** 章

绪论

1.1 本书研究背景

在经济文化全球化趋势日益明显的今天，地域文化的推陈与更新和建筑本原文化的冲突融合也日益成为热点话题。因为信息时代资源高速传播的特征，不同文化圈的文化、思想、观念交融日益频繁，这无疑促进了各国家各民族各地区之间的全球化进程。地域文化的推陈出新和建筑潮流的冲突融合也正日益成为学术界的热点。这是否意味着存在明显地域差异的建筑文化也将放弃自身的特色走向全球一体化？在全球化时代，避免建筑的千篇一律，就要避免文化的趋同，这意味着要打破狭隘的地域视野，摒弃封闭保守的文化观念，努力发掘自身的地域自然与文化特征，根据当地条件将特色文化与现代生活方式相融合，创造最符合这一地区的建筑类型。经过现代主义至后现代主义时期的短暂迷惘之后，我们看到世界各地都在尽全力保护自身的建筑文化遗产，并在传统设计思维的基础上，结合时代特征，尝试繁衍出新的建筑文化。纵观广东地区的地域特色，主要包括三大文化圈：珠三角和周边地区的广府文化；广东省东部沿海地区的潮汕文化；粤东北地区的客家文化。

客家地区是一个有着独特生态环境与人文历史的地区，由于社会环境、自然条件的限制，其建筑文化长期以来处于相对原生的状态。近现代以来，随着国家政策的调整、地域更新和经济发展的加快，封闭的文化圈逐步走向开放，传统文化不可避免地受到其他文化的冲击。目前，客家地区的传统建筑正在遭受严重的破坏，究其原因，有以下几个方面：

首先，由于一些特殊的历史原因和近代西方文化的影响，千百年传承下来的中国传统文化受到严重的冲击，社会价值观受到一定的影响。重西方轻东方、重现代轻传统，忽略了我国传统文化的价值，主观上就觉得传统建筑应该被现代化建筑所代替。

其次，地方政府的发展多以经济为中心，思想上并没有重视传统建筑的保护。部分政府在政策上把经济发展作为唯一动力，快速推进工业化和城镇化，导致城市用地紧张。有的地方不惜以拆除老旧建筑换取规划用地，不惜以破坏传统文化的代价来换取经济发展，忽视传统建筑文化的保护和开发。而在粤北等经济欠发达地区，还存在缺乏相应保护资金，导致历史建筑缺乏修缮的问题。

最后，传统客家建筑也有自身的局限性。传统建筑在功能上不能满足现代人的生活需求。而按照现代人生活方式进行修缮改造费用高昂，重建费用更高。等居住者经济条件改善，多半会选择拆除原有建筑、原址重建新的砖混现代建筑。有一些历史建筑居民会直接搬到现代化小区，原有建筑就此搁置遗弃。在调研过程中，只有极少居民将原有建筑保护性修缮。这种情况不只在客家地区出现，在全国多个地区都普遍存在，有共通性。

与此同时，国家层面正在进行新型城镇化建设。国务院印发的《国家新型城镇化规划》要求走中国特色新型城镇化道路、全面提高城镇化质量，明确未来城镇化的发展路径、主要目标和战略任务，统筹相关领域制度和政策创新，指导全国城镇化健康发展。因此，如何将传统建筑文化与新时期的时代要求相融合创新，就显得尤为重要。梅县地区作为广东省第三次全国文物普查试点，在文物普查的调查中共登记记录文物点406处，其中以客家围龙屋为典型代表的各种性质的客家古民居建筑有258处。在新的历史时期，哪些客家历史建筑应该被修缮保存，应该遵循什么样的标准进行分析研究，客家文化影响下的建筑设计构思与创作究竟路在何方，宝贵的客家建筑文化将如何更好地传承和发展，本课题是在这样的现实背景下展开进行的。

1.2 本书研究对象

1.2.1 地理范畴

本书所研究的客家建筑集中在以梅县地区为主的粤北客家人活动聚集地。梅州地区作为客家民系特色最突出的地区之一，拥有丰富、典型的客家族群特质和极具地域特色的客家传统文化元素，这是客家先民在梅州地域自然、社会、经济、文化、历史等多重因素共同作用下，所产生的结果。梅县地区的行政区，自唐时始有记载称乡、里。据《梅县志》引用《光绪嘉应州志》（图1-1）可知，梅县地区在南朝齐（公元479—502年）时期从海阳县分出部分地方置程乡县，辖境包括今梅县区、梅江区、蕉岭县、平远县全部及顺县一部分。南汉乾和三年（公元945）于程乡设置敬州仅领程乡一县。北宋开宝四年（公元971年）因避赵匡胤祖父赵敬之讳，改敬州为梅州。南宋绍兴六年（公元1136年），废梅州，仅设程乡县，隶属潮州。《梅县志》中对唐宋元时期梅县地区的区域划分有这样的描述："唐时程乡县分为六乡：怀仁、光德、丰顺、逢福、万安、太平。……梅州、程乡下设乡里、都图名数今无考。"[1]明洪武二年（公元1369年）程乡县隶属潮州府。清雍正十一年（公元1733年）程乡县升格为直隶嘉应州，领兴宁、长乐（今五华）、平远、镇平（今蕉岭）及程乡本属，称"嘉应五属"。清嘉庆十二年（公元1807年）复设程乡县。清嘉庆十七年（公元1812年）撤销程乡县，设为嘉应州管辖。

① 梅县地方志编撰委员会 编. 梅县志[M]. 广州：广东人民出版社，1994：76.

图1-1 《光绪嘉应州志》影印本

民国元年（公元1912年）废除州府制，改称梅县。1927年5月，在梅县境地建立梅县人民政府委员会。1949年5月，梅县解放，1949年5月24日，成立梅县人民民主政府，隶属潮梅人民行政委员会管辖。1979年3月，原梅县所辖梅州镇由区级升格为县级称梅州市。1983年6月，县级梅州市与梅县合并改为梅县市。1988年1月，广东实行市管县体制，梅县地区改设地级梅州市，梅县市分为梅县和梅江区，属于梅州市管辖。①本书所表达的"梅县地区"，主要是以梅江区和梅县地区为地域范畴。

现今梅县为梅州市下辖县级管辖区域，位于广东省东北部，介于北纬23°55′~24°48′、东经115°47′~116°33′之间。东邻大埔，西界兴宁，南连丰顺，北接蕉岭。东北与福建省的上杭、永定毗连，西北与平远接壤，中部环接梅州市梅江区（图1-2）。总面积2755.36km²。

梅县境内山峦起伏，西北部有武夷山系延伸而下的项山山脉，形成一道天然屏障；东南部有莲花山系的阴那山脉，使县境与丰顺、大埔分隔。地势周围高中部低，自西南向东北倾斜。地形分为三个类型，即河谷盆地、丘陵、山地，分别占总

① http://www.meizhou.gov.cn/mzgk//index.html.

图1-2 广东梅县地区地形图

来源：广东省国土资源厅资料，审图号 GS（2015）2583 甲测资字 4400280

面积的22.5%、55.4%和22.1%。[①] 梅县地区境内有海拔千米左右的山峰23座，第一个高峰是海拔1357m的明山嶂银窿顶为最高，第二高峰为海拔1297m的阴那山五指峰。大小河流共计43条，属于韩江水系，主干流为梅江，流经境内约76km，自西向东到大埔县三河坝后，汇入韩江。因此，当地对于地域山势的判断有"八山一水一分田"的说法。

梅县地区拥有丰富的客家建筑文化资源，截至目前，已有25个村落被住房城乡建设部、文化部、财政部和国家文物局认定公布为具有传统文化特色村落（表1-1）。

梅县地区已公布传统村落名单　　　　　　　　　　表1-1

序号	村名	所在地	公布批次
1	侨乡村	梅州市梅县南口镇	第一批
2	桥溪村	梅州市梅县雁洋镇	第一批
3	石楼村	梅州市梅县雁洋镇	第一批
4	松坪村	梅州市梅县雁洋镇	第一批
5	桃源村	梅州市梅县桃尧镇	第一批

① 广东省土地资源信息，http://www.gdchy.com/.

序号	村名	所在地	公布批次
6	茶山村	梅州市梅县水车镇	第一批
7	铜琶村	梅州市梅县松口镇	第二批
8	玉水村	梅州市梅江区城北镇	第二批
9	大黄村	梅州市梅县区松口镇	第三批
10	小黄村	梅州市梅县区松口镇	第三批
11	梅教村	梅州市梅县区松口镇	第三批
12	南下村	梅州市梅县区松口镇	第三批
13	谢响塘村	梅州市梅县区南口镇	第三批
14	圳头村	梅州市梅县区松口镇	第四批
15	石溪村	梅州市梅县区白渡镇峰溪村委	第四批
16	横江村	梅州市梅县区松源镇横坊村委	第四批
17	罗田上村	梅州市梅县区梅南镇	第五批
18	桃宝村	梅州市梅县区松口镇	第五批
19	富坑村	梅州市梅县区松口镇	第五批
20	竹香村	梅州市梅县区南口镇	第五批
21	蕉坑村	梅州市梅县区南口镇	第五批
22	瑶美村	梅州市梅县区南口镇	第五批
23	瑶上村	梅州市梅县区南口镇	第五批
24	锦鸡村	梅州市梅县区南口镇	第五批
25	铅畲村	梅州市梅县区南口镇	第五批

资料来源：中华人民共和国住房和城乡建设部、中华人民共和国文化部、中华人民共和国财政部、国家文物局。

1.2.2　时间范畴

综合文献资料分析，中原地区客家先民迁入梅县地区的时间已经数百年。目前该区域内可考证的、仍保存完好的最久远客家围龙屋是位于梅县丙村的仁厚温公祠。该建筑始建于明弘治三年（公元1490年），由温氏第十二世后人修建，至今已传到第二十九世。[①]由此可见客家建筑的修建起始时间应为更早期，一直延续至

---

① 唐兆民. 围龙屋——客家民系千年历史发展的佐证[J]. 兰台世界，2011（1）：36-37.

20世纪50~60年代。由于时代发展、新的建筑材料和方法不断出现，区域内的经济、社会和文化发生了重要的转型，20世纪50年代后期该地区已不再兴建传统意义上的客家建筑。为求研究的全面，本书以现存客家建筑为研究对象，时间上跨越明、清、民国直至中华人民共和国成立后，其中现存建筑中多以清中晚期至民国初期修建的建筑为主。

1.2.3　相关概念定义

（1）客家、客家建筑

《辞海》中关于"客家"的表述是："西晋末永嘉年间（公元4世纪初），黄河流域的一部分汉人因战乱南徙渡江，至唐末（公元9世纪末）以及南宋末（公元13世纪末）又大批过江南下至赣、闽以及粤东、粤北等地，被称为'客家'，以别于当地原来的居民，后遂相沿而成为这部分汉人的通称。以粤东梅县、兴宁、大埔、五华、惠阳等地最为集中。"① 李逢蕊对于"客家"的理解是这样的：由于历史原因形成的汉民族的独特稳定的客家民系，他们具有共同的利益，具有独特稳定的客家语言、文化、民俗和感情心态（即客家精神），凡符合上述稳定特征的人，就称为客家人。② 吴松弟认为，中原汉族大举南迁，陆续迁入南方各省，在与外界相对隔绝的状态下，经过千年演化，最迟在南宋已逐渐形成一支具有独特方言、风俗习惯及文化形态的汉族民系。③ 林晓平对于客家的定义为：客家是操客家方言、以闽粤赣三角地带为发祥地和主要聚居区的汉民族的一支民系，该民系的成员就是客家人。④ 而民系一词，应为早期客家研究专家罗香林所创造。关于民系，罗香林在《客家研究导论》中有过这样的表述："民系一词是我个人新造出来用以解释民族里头种种支派的。"⑤ 而对于客家民系的形成，罗香林给出这样的表述："民系的形成，实基于外缘、天截、内演三种重要作用。所谓外缘，是指各个比邻而居的民族相互间的接触和影响，这种接触与影响，有时可使那些有关系的民族，各于内部化分为若干新起的派系……所谓天截，是指各种民族因受自然环境变化的影响，使其族众分化若干不同的民系而言……所谓内演，是指民族内部的演化。任何民族，苟非有外力的压迫或强制，则其族内比较活跃的分子，往往会因感觉目前生活状况的不能满足而欲积极向外发展，而族内可供发展的地方，实际不限一途，各途的环境

---

① 中华书局辞海编辑所 主编. 辞海[M]. 第6版. 上海：上海辞书出版社，2009：1247.
② 李逢蕊. 客家人界定初论[J]. 客家学研究，1990（2）：11-13.
③ 吴松弟. 客家南宋源流说[J]. 复旦学报（社会科学版），1995（5）：108-113.
④ 林晓平. 关于客家及其相关概念的思考[J]. 客从何来，1998（3）：76-78.
⑤ 罗香林. 客家研究导论[M]. 台北：古亭书屋，1975：25.

亦每不一致，久而久之，亦会成为若干不同的民系，这便是民系成形的通则。客家民系的成形、及其血缘如何的问题，自然也要拿这通则来解释。"[1] 由此可见，客家是因躲避战争、自然灾害等原因，从中原地区迁徙而来并与当地其他原住居民不断通婚繁衍而形成的一支具有独特方言、民俗信仰文化的汉族族群。客家人一方面传承沿袭了中原汉民族文化，另一方面在迁徙及定居后融合了当地如瑶族、古越族、畲族等土著民族文化，现主要分布于闽粤赣三省交界地区。

而本研究课题所讨论的客家建筑，是指客家人在传承中原地区汉民族建筑建造技术的基础上，为了适应南方山区的气候、地形等自然环境特点并且融合了客家人信仰文化的、具有独特外观形制、独特客家文化内涵的建筑。客家传统民居是饱含客家文化的宝贵财富，体现了客家艺术、宗教信仰、民俗风情、生活习惯等内容，是客家文化的重要载体。

（2）建筑价值

建筑是一种文化，是人类为了生存对环境的一种适应。为了适应环境，人们发明了衣服，发明了房屋，从最早的巢居到现在的建筑。而不同的环境、不同的气候、不同的地域，自然也会有不同的建筑、不同的文化，不同的文化所包含的建筑价值观自然也是不同的。有些学者认为建筑是建立在材料学、社会学、生物地理学和土壤学基础上，其研究重点是人类如何适应在自然界生存和发展。

其实从20世纪80年代以来，针对建筑的研究已经拓展到多学科领域。从符号学的角度看，建筑可看作是由一系列符号元素组成的有机集合体，景观元素是组成景观这一大集合的各个单位要素。建筑的景观元素又可分为自然景观元素与人工景观元素。在生态学领域，建筑研究指的是研究建筑作为人造物在整个自然界的生态系统中的关系，以气候、水文、地质、土壤、植被、动物和人类活动等生态大的系统与系统、系统与子系统之间的相互作用关系以及对自然界的影响。劳吉埃尔（M.A.Laugier）在其名著《论建筑》的第一章中有："初民，在树叶搭起来的蔽护物中，还不懂得如何在四周潮湿的环境中保护自己。他匍匐进入附近的洞穴，惊奇地发现洞穴里是干燥的，他开始为自己的发现欢欣。但不久，黑暗和污秽的空气又包围了他，他不能再忍受下去。他离开了，决心用自己的才智和对自然的蔑视改变自己的处境。他渴望着给自己建造一个住所来保护而不是埋葬自己。森林的落枝是适合目标的良好材料，他选择了4根结实的枝干，向上举起并安置在方形的四个角上，在其上放4根水平树枝，再在两边搭4根棍并使它们两两在顶端相交。他在这样

---

① 罗香林. 客家研究导论[M]. 台北：古亭书屋，1975：67-77.

形成的顶上铺上树叶遮风避雨，于是，有了房子。"[①] 从人类社会的整个发展史的高度来看，大地上的城市、村庄、道路、生活设施等人工痕迹是人类对自然的适应和改造的结果，因此可以说建筑是人对于自然的一种理性思考的结果。

本书对于客家民居建筑价值的研究，是在建筑学、设计学领域把人文历史等的因素纳入研究的范畴里。围龙屋这种带有地域性特色的客家建筑，记载了当地人与自然和谐相处的过去与现在，无论是生活的沉淀、精神的感知还是视觉的印象，这种地域性建筑实体都是最能展现地区文化特色的方式。以围龙屋为代表的梅县客家建筑，不仅展现了这一地区范围内独特的建筑景观，也反映了这一范围内人在自然中留下的印迹与延续的文脉。因此，本书所探讨的建筑价值，是多角度对围龙屋价值进行解析，是包含了建筑人文、历史、技术、经济、审美等多方面的综合价值，通过建立新的维度，以不同的视角去解读建筑的整体价值。

1.3 研究意义及创新点

以建筑为代表的居住文化，作为历史信息的重要载体、作为人类文化的重要内容，是一个地域人们最直接、最普遍的自我表现，其演变发展的过程，往往能直接形象地反映一个地区总体文化的脉络。在任何文化史和技术史的研究中，地域特色的重要性是不言而喻的。这些客家建筑是生活在这一地区的客家人生产生活的历史见证，体现了他们对中国传统文化和自然环境的理解，蕴含了客家人的生存哲理。虽然有些客家建筑在使用功能上已不能满足现代生活的需要，但其中所代表的历史价值、科学价值、艺术价值等都值得我们去认真研究和发掘，这不仅是建筑科学研究中的一个重要领域，也是社会科学和文化艺术等方面重要的研究领域。

本书的主要创新点：

（1）有助于地域性建筑文化研究的补充和完善。关于客家建筑，学界已经有不少成果，硕果丰富。在这样的背景下，本书聚焦于梅县地区客家建筑这一对象开展调研、解读、剖析和论证，从建筑历史、类型、建造技术、建筑形制、装饰艺术、社会文化等因素进行全面整体梳理和分析，通过实地调研、发放问卷等形式对数据进行采集，以求切实掌握客家围屋在本区域内的分布、数量以及类型，并力求概括出区内客家围屋形制演变的基本特点和发展规律，是对当前客家民居建筑研究的推进。

（2）跨学科跨领域研究的一次探索。本书涉及建筑学、社会学、文化史、民俗、政治、经济发展历史、建筑发展历史、人类活动发展历史、科学统计方法等多

[①] Laugier MA. A Essay on Architecture [M]. Los Angeles: Hennessey & Ingalls，1977.

学科内容，是跨学科协同创新研究的尝试。

（3）建立多层次、综合性的客家建筑量化评价体系。明确各赋值因素组成，加入SD差别法判断因子评级，深化量化评价方法，提高评价体系的科学性和有效性。

（4）有助于客家传统建筑文化遗产的保护与利用。有学者曾指出：文保单位要修旧如旧，对于一般的历史建筑还要改造再利用，否则光是挂牌保护，那是消极的做法。本书的评价体系加入公共政策、民众意愿、非物质文化遗产、社会经济措施等综合价值进行判断。

1.4 相关研究现状综述

1.4.1 关于客家

对于客家的研究，可粗略分为三个阶段：清末至20世纪30年代，这是客家族群作为一个研究对象开始进入学术界视野，在学术界掀起研究的一个高潮，涌现了如《客家研究导论》《客家流原考》等针对客家族群的研究著作，此为第一时期。继而因社会动乱、国家政策等原因，客家研究进入一段低谷，历时约半个世纪，为第二时期。自20世纪70年代末至今，规模更大、水平更高的客家研究新热潮逐渐掀起，这一阶段可称为第三时期。

最早的关于客家问题的研究，可见徐旭曾撰于清嘉庆二十年（公元1815年）仅1000余字的《丰湖杂记》，其中有描述客家人语言、风俗、源流等许多方面的文字："今日之客人，其先乃宋之中原衣冠旧族，忠义之后也。自宋徽、钦北狩，高宗南渡，故世胄先后由中州山左，越淮渡江从之。寄居苏浙各地……所居既定，各治其事，披荆斩棘，筑室垦田，种之植之，耕之获之，兴利除害，休养生息，曾几何时，随成一种风气矣。"[1]

而被尊为客家研究开创者的、本身也是客家人的罗香林先生在1933年出版了《客家研究导论》一书，这是系统研究客家历史及文化的标志性著作。学术界公认为客家研究的开端。罗香林以正史结合大量客家族谱的研究方法，首次提出了"五次大迁徙"，详细论证了客家之源是"中原衣冠旧族"，为其后的客家研究奠定了研究的方向，成为当时研究客家最具权威性的学者。[2]

中华人民共和国成立以后，国家制度、社会环境趋于稳定，客家学研究逐步展

---

① 胡希张，莫日芬，董励，等. 客家风华[M]. 广州：广东人民出版社，1997：1.
② 杨星星. 清代归善县客家围屋研究[D]. 广州：华南理工大学，2011：11.

开，改革开放以来，客家研究持续升温，出现了新的研究热潮。大批研究著作出版，张卫东、王洪友主编的《客家文化》，刘佐泉的《客家历史与文化》，房学嘉的《客家源流探奥》，饶任坤、卢斯飞的《客家历史与妇女生活——12至20世纪客家妇女研究》，李泳集的《性别与文化：客家妇女研究的新视野》，杨彦杰的《闽西客家宗族社会研究》，胡希张等的《客家风华》，房学嘉、谢剑的《围不住的围龙屋——记一个客家宗族的复苏》，罗可群的《广东客家文化史》，刘大可的《传统的客家社会与文化》，陈支平的《客家源流新论》，刘丽川的《深圳客家研究》，肖平的《客家人》，罗勇的《客家赣州》，吴永章的《客家传统文化概说》，钟俊昆的《客家文化与客家文学》，谭元亨的《客家圣典》《客家文化史》，周建新的《动荡的围龙屋——一个客家宗族的城市化遭遇与文化抗争》，王东的《客家学导论》，谢重光的《客家文化述论》等。当前的研究呈现以下特点：一是研究内容的多样，包括客家渊源、方言、客家妇女、客家传统墟市经济、乡村社会变迁、民间宗教、海外移民等。此外，也研究分析客家内部的差别以及客家与其他族群的比较，例如客家文化与赣文化、客家文化与广府文化、客家人与潮汕人的比较研究。二是研究人员的学术背景多样化，随着客家研究的升温，越来越多的研究者开始把目光转向"客家"这一课题，运用自身领域的知识体系进行研究。这样也就间接导致了研究方法的多样化，在传统的历史学方法以外，目前客家研究愈加重视跨学科研究方法的引进与运用，如社会学、民俗学、人类学、文化学、经济学等不同理论与方法，已成为客家研究中越来越重要的工具。三是研究机构大量涌现。以前关于客家学的研究机构主要分布在闽粤赣三省交界的客家聚集区，现在由于学术界对于客家学的持续关注，在域外地区也相继成立了许多研究机构，如北京大学历史系客家研究所、上海华东师范大学客家研究中心、四川社会科学院客家研究中心、华南理工大学客家研究所、广东外语外贸大学客家研究所。这也从侧面证明了客家学研究成为一股日益蓬勃的研究热潮。

经过一大批学者的努力钻研和辛勤耕耘，客家研究成果颇丰，成为学术界关注的一大热点。

1.4.2　关于客家建筑

在对客家文化的研究开始后，以围龙屋为代表的客家建筑研究逐渐展开。最早介绍客家民居的文字见于罗香林先生的《客家研究导论》，其中有一小段介绍粤东客家围龙屋民居的文字，引用了兴宁罗氏宗族1927年秋排印的《兴宁东门罗氏族谱礼俗·居中室》中关于建造围龙屋的基本要求。曾昭璇先生的《客家"围屋"屋式研究》从形制到分布对客家围屋进行了梳理，这些论文是目前可查证的最早的对于客家建筑的专题研究论文。中华人民共和国成立后，客家研究在大陆相对沉寂下来，但客家民居建筑仍引起一些学者的注意。刘敦桢、刘致平等在对中国传统民居的研究中涉及了粤闽赣一带的客家民居建筑。在刘敦桢的《中国住宅概说》一书中介绍了客家土楼，这是客家居住建筑第一次被载入建筑史学著作当中。20世纪80年代后，随着学术界对客家历史及文化研究的升温，以及建筑界对中国传统民居研究的展开及深入，关于客家民居研究逐渐成为学术界的研究热点。清华大学建筑学院乡土建筑研究组的陈志华、李秋香、楼庆西三位教授，提出"以乡土聚落为单元的整体研究和整体保护"的观点，为民居和乡土建筑领域的研究开辟了新局面，并且带队亲自考察调研了梅县地区的客家建筑。近年来，陆续出版了《梅县三村》《培田村》等有关客家村落的专著，制作了村中的建筑分布图和特点突出的客家建筑平面图。而后涌现了大批关于客家建筑的研究著作，如黄为隽先生的《闽粤民居》，高珍明先生的《福建民居》，林嘉书先生的《客家土楼与文化》，钱进的《赣南客家围屋》，万幼楠的《赣南围屋研究》，黄崇岳、杨耀林的《客家围屋》，曾五岳的《客家土楼揭秘》，路秉杰的《龙岩适中土楼实测图集》，张斌、杨北帆的《客家民居》等。研究的重点集中于诸如平面形式及类型，材料与构造，技术与方法，外部形态及内部空间分析等，并对各区域内的客家民居建筑的发展与衍变进行了探讨。位于广东的华南理工大学建筑学院以岭南地域建筑研究为依托，也进行了大量的客家民居研究，取得了丰硕成果。陆元鼎教授和魏彦钧教授及其学生在民居研究方面的成果中包含了诸多广东客家民居建筑的论述。基于对广东各地的村落和民居建筑多年的深入调查和实地踏勘的基础，陆元鼎教授于1990年出版了专著《广东民居》，该书对广东各地有代表性的村落和民居建筑进行了梳理、分类和分析，确立了广东民居分类研究的基本方法，为广东民居建筑研究奠定了坚实的理论基础。吴庆洲教授注重从建筑文化的角度研究传统建筑，他主张在历史文化事业中研究岭南传统建筑和历史城市，注重对防灾尤其是古代城市防洪的研究。吴庆洲教授及其主持的华南理工大学建筑历史文化研究中心，在传统聚落形态研究以及结合聚落形态研究进行的历史文化保护方面开展了积极探索并付诸实践。其著作《中国客家建筑文化》一书详细分析了客家文化与中国传统文化的关系，并对国内各地区客家建筑的形制、营建技术以及客家的风水传统、民间习俗等进行了深入研究。

1.4.3 关于建筑的评价研究

量化的建筑评价体系，前人也进行了一系列探索。从1998年朱光亚、方遒、雷晓鸿首次提出历史遗产的量化评价方法，到李娜正式提出用层次分析法建立历史文化村镇的评价体系的AHP评价模型，再到2009年赵勇等学者用层次分析法和因子分析法建立评价体系，量化评价方法在建筑领域进行评价体系中的应用日趋成熟。陆兆苏等曾经对紫金山进行了全面的森林经营调查，获得了大量第一手资料。根据风景林的特点，确定了由森林覆盖率、林地利用率、森林蓄积量、森林植被演替趋势、林龄结构、森林风景美学等级、林地占用程度七个指标组成的风景林动态分析的指标体系，进行系统的森林动态分析，并在此基础上，探讨森林经营对策。① 另外，他也回顾了南京市钟山风景区森林经理的历史过程，并在多年实践的基础上，总结出风景林经理工作的十个特点。根据我国森林旅游事业和风景林经营现状，论述了值得注意的六个问题。② 谢凝高从因山就势这一我国风景名胜人文构景中传统的原则出发，分析了它的具体内容与指导思想，并且提出实践过程中要首先对风景资源进行详情调查，最后通过因山就势的人文构景举例来进一步阐述因山就势这一原则在实际中的应用。③ 刘滨谊寻求认识风景世界的规律，建立风景景观工程体系，包括风景景观概念框架、风景景观价值观念框架、风景分析评价理论综合框架等，并编制了风景分析评价与规划设计软件包。④ 王晓俊试图从建立风景资源管理和视觉影响评估模型入手，详细地论述了风景综合视觉质量的评价方法，以及人类活动产生不利视觉影响的评估方法和过程。作者指出了我国建立风景资源管理系统和运用视觉影响评估来减少因快速发展所带来视觉污染的迫切性。⑤ 邓秋才等通过对哈达门国家风景资源、地质地貌、风景水文、人文景观、旅游气候特征等展开调查，提出了分期建设原则、经济效益预测、生态效益及社会效益等对其综合利用研究的系统总结。在综合调查和定性分析的基础上，引入层次分析法和数量化理论，对各景区、景点风景质量进行定量分析与评价，并进而采用聚类法实现统一标度下的分级，旨在为该园开发建设和远景规划提供理论依据。⑥ 王彩霞等在湖南省株洲市选择了9个具有代表性的主干道路绿地，从园林、生态、美学、植物、景观、环境等学科角度分析其植物景观特征，筛选了道路植物景观因子，建立了道路植物景观评价指标体系和植物景观评价的数量化模型，提出了株洲市道路植物景观的改进模式。⑦ 王保忠等对景观资源的生态评价理论和实例进行了探究，建立了道路边植物群落的评价模型，探讨了评价城市绿化景观美学价值的关键构建技术并率先建立了湿

① 陆兆苏、余国宝、张治强，等. 紫金山风景林地动态及其经营对策[J]. 南京林学院学报，1985（3）：12.
② 陆兆苏、赵德海、赵仁寿. 南京市钟山风景区森林经理的实践和研究[J]. 华东森林经理，1991（5）：8.
③ 谢凝高. 试论因山就势[J]. 中国园林，1985（1）：47-52.
④ 刘滨谊. 风景景观工程体系化[M]. 北京：中国建筑工业出版社，1990.
⑤ 王晓俊. 风景资源管理和视觉影响评估方法初探[J]. 南京林业大学学报，1992（3）：70-76.
⑥ 邓秋才、韩铭哲、段广德. 哈达门国家森林公园风景质量的分析与评价[J]. 内蒙古林学院学报，1996（18）：11-19.
⑦ 王彩霞、何平、王保忠，等. 株洲市道路植物景观的数量化分析[J]. 中南林学院学报，2004（24）：100-103.

地景观资源评价的数量化模型。[①]孙凤云等以沈阳市4个典型城市公园林源植物景观为研究对象，应用美景度评估法，对所选样地的62张照片进行景观美学质量评价，运用多元线性回归建立景观美景度与植物群落结构间的数量化回归模型。[②]赵志刚等以滦县为案例，通过视觉质量和视觉敏感度对研究区域进行综合评价，并将两种评价结果利用GIS系统等权重叠加，用自然断点法将视觉资源分为4个等级。杨海军等以日本北海道士幌新建草地为例，选定了当地能够代表总体草地景观的9个草地景观类型和1个山地森林景观类型，采用SD法定量评价了居民对不同草地景观类型的主观印象。[③]

1.4.4　已有成果对于本研究的启示

回顾近年来我国关于客家民居研究领域的进展，总体而言，取得了长足的进展。参与研究的学科逐渐增多、研究队伍不断壮大，从理论到实践，都取得了一定的成果和社会影响，使客家建筑民居成为一个研究热点。但是综述当前研究成果来看，还有一定的局限性。首先是区域性建筑文化研究的整体性还不够。针对客家围屋这类区域性建筑文化的研究，不应是单一的分析体系，应包含多领域整体研究，包括自然、社会、经济、习俗、信仰等多方面因素分析，尤其应重视建筑体现的"人、事、空间"的结合研究，探究形成这种建筑文化的缘由。其次研究应跨学科进行，尝试用不同的研究方法推进课题，以达到将各研究热点成果进行横向连接，形成网格，扩大知识领域。最后，保护性研究开发域内建筑文化的推进还不够。50多年前，梁思成先生就说过针对古建筑文化的研究必须迅速进行，因为"古物的命运在危险中，调查同破坏力量好像在竞赛。多多采访实例，一方面可以做学术的研究，一方面也可以促进社会保护"。

1.5　本书研究方法

本书所涉及的客家建筑景观相关研究，主要是运用到了历史文献法、田野调查法、建筑类型学和运筹学等研究方法。

1.5.1　文献研究

文献研究法主要指搜集、鉴别、整理文献并通过对文献的研究形成对事实的科

① 王保忠，何平，安树青，等. 南洞庭湖湿地景观文化的结构与特征研究[J]. 湿地科学，2005（3）：241-248.
② 孙凤云，李俊英，史萌，等. 城市公园林缘景观美学质量评价[J]. 沈阳农业大学学报，2011（12）：736-739.
③ 杨海军，祝廷良，丸山纯孝. 草地景观视觉效果的定量评价研究——以日本北海道士裸新建草地为例[J]. 草业科学，2004（4）：106-111.

学认识的方法。文献法的提出课题或假设是指依据现有的理论、事实和需要，对有关文献进行分析整理或重新归类研究的构思，将课题或假设的内容设计成具体的、可以操作的、可以重复的文献研究活动。人类活动与认识的无限性和个体生命与认识的有限性的矛盾，决定了我们在研究逝去的事实时必须借助于文献。文献法是一种古老而又富有生命力的科学研究方法，是进行课题科学研究的必备前期工作。课题运用文献法调查的过程包括以下环节：提出客家研究命题、搜集相关文献、整理文献和进行文献综述。主要搜集古建筑保护、建筑类型学、客家人文等相关的学术文献资料，并在此基础上进行归纳整理、分析鉴别，以拓展理论的深度和增加论证的广度。

1.5.2　田野实地调研

客家建筑的研究除了综合分析大量的参考文献外，更多的是需要实例分析、实地调研等田野调查的方法。田野调查，属于传播学范围的概念。主要用于自然科学和社会科学的研究，如人类学、民俗学、地理学、考古学、社会学等。本书将客家建筑这一实物为主要研究对象，不可避免要涉及大量实例，而实例的来源是需要进行大量的实地考察调研得出的。田野调查的进行，要着重收集新材料，收集过去没有人了解过的新材料或没有人了解过的新内容，了解该地区与其他客家地区的文化差异，同时要注意资料的准确性，反复核实收集的材料。

研究建筑，着重实物，从实物中归纳总结出的手法、规律是最有价值的。[①]本书所关注的客家建筑多数为现存于世的、依然被居民所使用的房屋建筑，因此应尽量多走村访户，在普查的基础上进行典型性与特色性测绘分析，用摄影摄像等技术记录客家围屋所处的环境、自身的结构、材料、造型、装饰艺术等。同时为了理解客家建筑所蕴含的文化，达到对客家社会结构和社会生活的初步了解，在调查中还必须进行大量的入户访谈。访谈主要应用了两种类型：一种是结构型访谈，即问卷访谈。具体的形式有两种，可以是答题式问卷，先根据初步的文献调查大纲，对每个受访人差不多问同样的问题，请受访者回答问题；也可以是选择式问卷，先根据前期的客家建筑问题的调研结果，把所要了解问题的若干种不同答案列在表格上，由受访人自由选择。另一种是无结构型访谈，即非问卷访谈，事先没有预定表格，没有调查大纲，直接就某些问题和受访人自由交谈。主要通过对建筑本身的使用者的访问，了解建筑背后的家族的形成与发展，建筑的修建工匠来源、建筑的选址选材、建造过程等内容；通过观察体验当地人们的日常生活，从而获得对围屋历史变

---

① 傅熹年. 中国古代建筑史[M]. 北京：中国建筑工业出版社，2001：6.

迁的感悟；在田野工作同时，尽可能抄录族谱、碑刻、围屋中楹联等各种资料，注意收集当地人对这些资料的解释和说明，了解当地的风土人情。

通过以上种种，借助实地勘查，采用社会学、人类学及历史学等学科的交叉分析，达到史论结合，力求准确地概括出区内客家围屋形制演变的基本特点和发展规律。这样做，一方面验证相关理论经验，加深对于客家文化、客家建筑的理解。本书涉及的客家建筑，是现存于世的、可考证的实物建筑。本研究所涉及的案例调查，除特别注明以外，全部为作者亲力亲为参与。

1.5.3 建筑类型学

人类认识事物具有多维视野和丰富的层次，认识过程和艺术创造过程本身就是类型学的，由此产生了庞杂的分类途径。分类意识和行为是人类理智活动的根本特性，是认识事物的一种方式。自然科学中的分类行为我们称之为分类学，而社会领域的分类行为则称之为类型学。[①] 最早关注到建筑类型研究的应是维特鲁威（Vitruvius）。从他的《建筑十书》中我们不难看出古典主义文艺理想对他的影响。维特鲁威提出建筑是"模仿自然的真理"，并将模仿归结为人的本性和行为。他认为类比或比拟，是建筑移植模仿后不可避免的方法。[②] 到了近现代，德昆西于19世纪初第一次给出了类型概念的定义并与模型相区别，指出："科学与哲学的根本职能之一是揭示原初动因，求得缘由的知解，这就是建筑中所称的类型。"[③] 建筑中的简单几何形体对应于生物中的原型，对于原型的寻求是他们的共同目标和兴趣所在。当时类型学在建筑学中最有意义的目的是从以往多样的排列中发现建筑的普遍原则，与几何图形相关的对应关系来进行演变，这顺应当时新建筑形式的多样性和复杂性。这一时期称为第一类型学研究阶段或者称为原始类型学研究阶段。

19世纪末，第二次工业革命之后，大量生产的要求日趋强烈，更确切地说是由机器来进行大量生产，产品定型化与标准化成为大量生产的主要依据，建筑物不可避免地被归入机器生产的世界。"类型"演变为"范型"，"范型"的概念是工业化社会的发明，它表示可以按照"范型"规定的原则，进行大量生产的类型学意义，按照不同的使用功能划分不同的类型，产生共同的原则，找出普遍的答案。[④] 建立在范型基础上的类型学，称之为第二类型学或者功能主义类型学。1927年勒·柯布西耶（Le Corbusier）写道："由于法语中类型一词的双重含义，法语为我们提供

① 王丽君. 广义建筑类型学研究[D]. 天津：天津大学，2002：10.
② 维特鲁威. 建筑十书[M]. 高履泰 译. 北京：中国建筑工业出版社，1986：47.
③ 沈克宁. 建筑类型学与城市形态学[M]. 北京：中国建筑工业出版社，2010：221.
④ 刘晓宇. 对建筑类型学及其方法论的浅识[J]. 西安建筑科技大学学报，2011（2）：47.

了有益的定义。语意的变形在普遍的语言中导致了一种等价，即人=类型；从类型变成人这一点出发，我们把握了类型的重要扩展。因为，人－类型是唯一性的身体类型的综合形式，并可述诸充分的标准化。按照同样的法则，我们将能为这种身体类型建立一种标准居住设施：门、窗、楼梯、房间高度等"[①] 以上的论述我们可以看到，因为工业化革命对于社会价值观的冲击，也影响到对于建筑的判断，强调功能、强调建筑的效率是当时人们普遍关注的因素。

1.5.4 层析分析法

层析分析法是进行系统评价、得出相对权重的一种定性与定量相结合的技术方法，而系统评价是系统工程中的一种基本处理方法，也是系统分析中的一个重要环节。[②] 在系统评价时，首先要根据系统目标（客家建筑遗产价值的保护完善）规定出一组评价指标，即确定评价的项目，制定评价的准则。系统的评价项目是由构成系统的性能要素来决定的，在工程上主要包括系统的功能、成本、可靠性、实用性、适应性、技术水平等因素。他们构成描述系统性能的有序集合，可根据系统所处的世纪环境条件来安排它们的评价顺序，对这些因素赋予一定的加权量，目的是可以反映出各因素在系统评价中的价值地位的系数，然后经过合成后形成一种评价的价值体系。对于各种价值观不同的群体来说，评价准则的内容和选取的加权量也是不同的，在系统评价阶段，要对这种问题进行充分的讨论，明确各个问题构成要素之间的相互关系，取得充分一致的意见，在此基础上才能对系统进行定量化评价。具体包括以下几个步骤；明确系统目标、分析系统要素、确定评价指标体系、制定评价结构和评价标准、单项综合评价。[③]

1.5.5 历史分析法

历史分析法运用发展、变化的观点分析客观事情和社会现象的方法。建筑史学研究的发展越来越关注将建筑放到社会中去，放到历史的时间长河中去，建筑不再主要被看作一种静止的对象，或者是处于线性发展过程之中的单体，而更多地被视为一种复杂的过程和社会现象无论其建造、使用还是更加漫长的演变。

客家特色建筑是一定历史时期的产物。它的产生与发展演变是在社会、文化、技术以及自然环境的等各种外在、内在因素共同影响下发生的。对客家围屋

---

① 转引自：马清运. 类型概念及建筑类型学[J]. 北京：建筑师，1990（8）：67.

② 樊瑛. 运筹学[M]. 大连：东北财经大学出版社，2006：172.

③ 樊瑛. 运筹学[M]. 大连：东北财经大学出版社，2006：174.

的研究就必须把它放到其产生及发展的特定的历史环境中去，结合当地社会环境乃至综合进行考察、分析，从而了解到其产生的历史条件、产生的必然性、发展的演进规律。[①]

1.5.6　系统评价学

系统评价学作为方法论学科，它的研究内容包括两大方面。第一，它研究系统评价活动本身的运动规律和各环节各组成部分的相互关系。比如，它研究评价过程的基本结构即步骤逻辑，研究评价过程中各种参与者的心理现象及规律，研究系统评价学科的发展规律等，我们称为评价原理。第二，系统评价学为具体的评价实践提供可用的技术方法，包括各种操作步骤、评价模型等，我们称为评价技术或评价方法，这两个部分是相辅相成的。评价原理是指导评价活动的基本理论，评价技术的选择要在评价原理的指导下进行。评价模型和评价技术有时并不是为系统评价专门设计的，在其他一些学科研究和人类实践活动过程中也可使用。所以，系统评价学是一门关于系统评价活动的基本规律和技术方法论的学科。这是从系统评价学的内容上下的定义。[②]

1.5.7　模糊综合评判法

模糊综合评判法定义就是应用模糊变换原理和最大隶属原则综合考虑被评事物或其属性的相关因素，进而对某事物进行等级或类别评价。运用模糊数学和模糊统计方法，通过对影响某事物的各个因素的综合考虑，对该事物的优劣做出科学的评价。它的最大优点是可以转化处理事物、现象的模糊性，综合各个因素对总体的影响作用，用数字来反映人的经验。因此，凡是涉及多因素的综合判断问题，都可以用模糊综合评判法来解决。[③]

1.6　研究技术路线

全部研究应该包含以下几个部分：首先是课题准备阶段这一阶段应大量阅读与研究相关的资料文献，熟悉研究内容，扎实理论基础。其次是进行实地调研，带着之前的相关问题，进行梅县地区客家建筑的普查，用摄影摄像绘制草图等手段进行

---

① 杨星星. 清代归善县客家围屋研究[D]. 广州：华南理工大学，2011：9.

② 系统评价学[EB/OL]. 百度百科. http://baike.baidu.com/view/1508901.htm.

③ 杜栋，庞庆华，吴炎. 现代综合评价方法与案例精选[M]. 北京：清华大学出版社，2008：12.

第一手资料的收集，运用景观构成、类型学等相关研究方法并展研究，并开展与当地居民、村里长者的访谈，将访谈资料归纳汇总。然后运用德尔菲法、层次分析法、模糊评价法等运筹学研究方法针对客家围龙屋建筑遗产价值进行量化评估，并得出相关结果进行验证。最后是建立一套完善的、可实际操作的评估方法，并能够针对当前新城镇化阶段的发展中对客家建筑进行保护性开发的政策性建议和意见（图1-3）。

课题准备	·大量阅读与研究相关的资料文献 ·熟悉研究内容，扎实理论基础
课程启动	·分析问题 ·准备实地调研
研究开展	·进行梅县地区客家建筑的普查，搜集资料 ·开展与当地居民、村里长者的访谈
研究深入	·运用量化评估等运筹学研究方法针对客家建筑景观进行量化评估 ·改进评价方式
课题成果	·建立一套完善的、可实际操作的评估方法 ·对当前新城镇化阶段的发展中关于客家建筑进行保护性开发的政策性建议和意见

图1-3 课题进行技术路线

本章小结

本章说明课题的背景、来源，探讨了本书的研究范围，总结建筑评价体系的研究成果以及相应问题的研究现状，列举了课题的研究方法，阐述了课题的研究意义及创新性。

第 2 章

广东梅县地区客家人的
历史和发展

2.1 创世纪：客家先民的历程

对于一个民系的发生和形成，需要多学科的深入讨论，甚至是缺一不可。一个民系的发生、形成，总有诸多的综合因素共同影响，缺失某一个条件，也可能就没有一个民系的出现了。中华文化以汉族文化为主体，黄河流域是汉文化发源地，沿线水域和地形有利于耕作和聚居。以黄河流域中下游为主的地区成为我国早期政治、经济、农业、文化中心。晋朝末年以来，由于连年战争、灾害等因素，黄河流域的社会经济、生态环境等遭到严重破坏，中原人口开始外流。这也是学者罗香林提出"客家人五次大迁徙"之说的第一次南迁。五次迁徙说法发布以来，不少研究学者都予以反复讨论，有提出六次的，有提出四次的。较大争议发生在把秦王扫六合、赵佗平定岭南建立南越国，作为中原人也就是客家先民的第一次大规模南迁。从晋代提升到了秦代，时间上提前了500余年，有一些研究把这一观点收录进去。

古时，作为沿海地区的岭南并不发达，中原人南下，第一次一定是引人注目的，但是把所有南迁的中原人都视为客家人迁徙，学术上是不严谨的。广东地区或者说华南地区一直被视为中国最大的移民地区，包括广府人、潮汕人都自视移民族群，但是厘清不同的移民线索，分别讨论，并不是那么容易的。罗香林作为早期文化研究集大成者同样知道秦军南下，兵分五路，也知道赵佗平定岭南，建立南越国，但是他认为这时期的中原大军南下与客家人迁徙并无关系是有他的道理的。关于秦始皇南征，古籍中有这样的描述，秦王政二十五年（公元前222年），秦军60万灭楚，"因征百越之君"[1]。"秦始皇二十五年遣将王翦南征百粤，悉定其地。二十九年，越人叛秦，始皇使尉屠睢将楼船之士攻百粤，使监禄凿渠运粮入越地；又发卒五十万，分五军，一军塞镡城之岭，一军守九嶷之塞，一军处番禺之都，一军守南野之路，一军结余干之水，三年不解甲弛弩……屠睢之败，始皇复遣任嚣、赵佗击南越，平之。以嚣为南海尉，佗为龙川令。"[2]

根据以上表述，秦军50万余人，只有一支进入广东地区，其余都驻扎在江西、湖南一带。而且第一支进入广东的军队，已经全军覆没，后来又派遣任嚣、赵佗组织军队。据考证，这支部队有5万人左右，赵佗向中央请求增派3万缝补衣物的后勤力量，多为女性，但是中央只给了一半，大约1.5万人左右。因此赵佗平定岭南地区以后，采取了本地化的政策，即越化政策，史称"汉越杂处"，也就是中原迁徙过来的民族被当地越人同化，赵佗甚至对中原地区的使臣自称为"蛮夷大长"，后

---

① 司马迁. 史记·白起王翦列传[M]. 北京：中华书局，2013：24.
② 淮南子·卷十八·人间训[M]. 北京：中华书局，2012.

来更称为"南越武帝"。因此，在那个时期的岭南地区还是越人统治为主，并不可以此为据认为有了相当大规模的移民。[①]

2.1.1 岭南地区的早期汉人融合

以广东范围来看，仅从地理环境的分布上看，就可以得出推论：客家人比广府人、潮汕人要后进入该地区。广府人主要是沿着西江流域和珠江三角洲分布的，占据了岭南地区最适宜农业生产、水土肥沃的地带。潮汕人主要分布在潮汕地区，沿着海滨延伸，以渔业为生。在唐朝以前，潮汕地区属于福建管辖，因此他们自称为"八姓入闽"的后代。而客家人只分布在粤东北的山地与丘陵地带，自然环境就差得多。广府地区的汉人，生活比较久，落地生根，移民身份的意识就淡了许多。广府人不仅以地域命名，而且不太在乎自己是否为正宗的汉人，就连清末民初的顺德学者黄节，在他自己的文章中就有"粤人""汉人"的用词。可以看出那时的广东人对自己是古汉人还是古越人并不在乎，已经不再把自己看作是外来的移民族群了。

广府民系的形成时期，应定为汉代。首先，在汉武帝平定南越时，岭南地区聚集的多为越人，并不是汉人。汉武帝平定南越，把南方首府，也就是刺史部治所定在广信（今广东封开、广西梧州一带），广府的"广"字，第一次用在岭南这片地区，从而为其间形成的民系定了名。其次，武帝平定南越以后，真正的大规模移民开始了。在马王堆三号汉墓出土的帛书中，有最早的中国南方地图《地形图》，其中所标注的"封中"地区，是粤桂湘三省交界处，在以后交州刺史部治所广信周围，密集地设置了十几个县治，其密集程度当与现今相比。县治的多寡，证明人口的密集程度。著名学者谭其骧说过："一地方至于创建县治，大致即可以表示该地开发已臻成熟……所以，知道了一个地方是什么时候开设县的，就大致可以断定在那个时候该地区的开发程度已经达到了一定的标准。"不难看出，大规模的中原移民促成了广信周遭地区的大开发。最后，从人口上看，当时珠江三角洲为主的南海郡，其面积为封中的5倍，人口仅为9万多人，封中所在的苍梧郡人口15万人，交趾郡人口接近75万。可见，由于灵渠的开通，桂江、贺江引入西江，而西江水运又由北流江、南流江入海，因此促进了苍梧郡、交趾郡人口的剧增。直到今天，沿西江流域至珠江三角洲的地区和沿桂、贺二江至北流江和南流江的地区，正是广府人生活的主要区域。另外，语言学界已有共识，白话，即粤语中保留了大量的古汉语成分。因此，正是汉武帝再度统一中国的历史事件，促成了中原汉人南下与越人融

[①] 谭元亨. 客家文化史[M]. 广州：华南理工大学出版社，2009：31.

合，从而形成了现在的广府民系。所以，岭南三大民系中，广府民系的形成时间是最早的。

2.1.2 世界民族大迁徙的一部分

与中原王朝统一的诉求导致了早期汉人到达岭南地区的历史经过不同，客家民系的形成，更有其独特的、被历史潮流推动的因素成分，是世界民族大迁徙的一部分。所以要了解客家的形成与发展，可以将其放置在整个世界的大背景下进行讨论，这样会更清晰、更深刻，也更全面。任何一个族群都不可能永远处于"非历史"的状态之中，只会一步一步更深地卷进历史之中。正是在这个意义上，将客家先民的南迁运动同世界民族大迁徙的时间联系起来，对同时期的客家流源研究，才会更准确、更整体。如同国别史融入世界史的研究之中一样，民系史也应该融入整个大民族史的研究之中，要运用更宏观的视野，整体把握，建立一个"整体观"，这样有助于发现历史的真相，对客家本身才看得更为清晰，而不会拘泥于纠缠不清的个别实例上的争论。

当年的欧亚大草原地区水草肥美、牧草芊芊，到了公元3—4世纪欧亚大草原上发生了"小冰川期"的地理事件，使得千年不遇的大旱降临到当地，毁灭了生活在此地的游牧民族的"伊甸园"，迫使匈奴人西进和南下。西进和南下几乎是同时期的，这种情况东西方的历史学家都关注到了，也进行过比较研究，美国汉学专家费正清教授就有这样的阐述："几代学者都对古代中国与希腊–罗马世界中一系列事件的特别类似之处获有深刻的印象：都有一段诸子争鸣和战国纷争的时期……例如，我们注意到，孔子及其弟子约与柏拉图和亚里士多德同时代；亚历山大大帝只比秦始皇早一百年；罗马和汉这两个帝制政权也鼎盛于同一时代。同样，当这两个帝国衰微之时，其北方边陲的蛮族都变得越来越危险，而当'普世之国'中的政治和经济解体时，都可见到苦难人民向其寻求安慰的外来宗教传播的特征。三至六世纪北方游牧民族的进入中国和佛教的传播，正好同西方哥特人和汪达尔人的南侵以及基督教的传播，即"野蛮状态和宗教"的胜利同时。凡有志于正确地找出人类事物规律的人，都可拿东西方两大帝国的这些相似之处作为出发点，来进行概括和更深入的研究。"[①]

世界民族大迁徙这一事件，在西方人看来，是人类历史上前所未有的历史大劫难，深刻地、骤然地改变了人类的历史命运。哈达斯写的《罗马史》中，描绘过西进的游牧民族大军："……一经激怒，他们就奋起作战，排成楔形队形，发出各种

① 费正清. 美国与中国[M]. 北京：商务印书馆，1987：76.

狂叫声，投入战斗，他们敏捷灵活，有意分散成不规则的队形，兵锋所指，杀戮骇人……他们没有固定住所，没有家，没有法律，没有稳定的生计；他们乘坐着大篷车，像难民一样四处流浪，因为母亲怀他在一处，生他在遥远的另一处，抚育他又在更远的一处。"[1]这支西进的匈奴大军，击溃了里海以东的亚兰人，并于公元372年渡过乌拉尔河、伏尔加河，进入了顿河流域，占领了西阿兰人领土，在俄罗斯平原，迅速击败了最东边的日耳曼民族的东哥特人。被征服的东哥特人加入了他们的部落联盟。而邻近的西哥特人则渡过了多瑙河，进入罗马帝国境内寻求避难。但是没过多久，公元378年，西哥特人认为他们受到了罗马官员的不公正对待，群情激奋，在阿德里亚堡战役中打败了罗马军队，杀死了东罗马帝国的皇帝，赫赫有名的罗马军团被歼灭大半。[2]古罗马大势已去，紧接着哥特人、匈奴人又横扫意大利、高卢和巴尔干半岛。自罗马被西哥特人洗劫以后，又多次遭到野蛮民族的光顾，罗马这座被称为"永恒之城"的古都，上百万人口仅剩下几千人，曾经有过的灿烂文明被毁于一旦，为此，西方史学家发出了"全世界在一座城里灭亡"的感叹。法国历史学家皮甘尼奥尔（A. Piganiol）在《基督教的帝国》中也断言"罗马文明不是自然消亡的，而是被扼杀的"。

再来看同一时期的东方文明。东汉末年，北方的游牧民族便已陆续来到中原，其中以匈奴为主，还有鲜卑、羯、氐、羌等游牧民族。早在公元3世纪末，发生了许多北方游牧民族的起义，晋"八王之乱"以后，这类起义接连不断，大批北方游牧民族进入中原。首先是公元304年，匈奴左部都尉（左贤王）刘渊发难，起兵占据了左国城（今山西离石一带），并自称汉王。在右贤王的怂恿下，他认为自己"今见众十余万，皆一当晋十，鼓行而摧乱晋，犹拉枯耳。上可成汉高之业，下不失为魏氏"。因此他迅速进攻河东，攻占蒲坂、平阳两地，又汇合羯族石勒、王弥的部队，于公元308年称帝。后者被封为"征东大将军"一同攻打洛阳。永嘉五年（公元311年）六月，洛阳这座东方的罗马城，被攻陷，占领的部队"纵兵大掠，发掘陵墓，焚烧宫庙，城府荡尽，百官及男女遇害者三万余人"。晋怀帝被俘，并于建兴元年（公元313年），在青衣行酒后被杀，同年长安被攻陷。当时，关中地区"百姓饥馑，白骨蔽野，百无一存"。长安陷落后，这个曾经上百万人口的城市，已经"户不盈百"了。几经洗劫，西晋终于在公元316年灭亡，次年三月琅琊王司马睿在南方建业称王，次年称帝成为晋元帝。这一偏安江左的政权，史称东晋。大量流民的南迁便发生在这一时期。

① Hadas M. A history of Rome, from its origins to 529 A.D. [M]. New York：Doubleday，1956：204-205.

② 阿德里亚堡战役[EB/OL]. 百度百科http://baike.baidu.com/view/1274282.htm.

长年的战争使得中国的人口发生了很大的变化，晋武帝统一全国后，根据《晋书》记载，太康元年（公元280年）全国有2495804户，16163863人。根据葛剑雄主编的《中国人口史》《中国人口发展史》，由于门阀制度的存在，许多户口被隐藏，西晋的实际户口为在册户口的2倍多，最高时大约是公元300年前后，有3500万人，其中北方2450万人，南方1050万人。东晋建立后，人民为躲避胡人残暴统治，远离战火和屠杀，纷纷南迁。掀起南迁的高潮，累计迁入过百万，东晋因而设置了许多侨郡、侨县以安置北方流民。原先的士族、官员、农民、手工业者、商贾等也纷纷逃亡到南方，他们极大地促进了当地的经济和文化发展，使江淮和江南地区日渐富庶和繁华，成为全国的经济文化中心之一。[①]

世界民族大迁徙的潮流中，洛阳、长安古都的陷落与罗马城"世界末日"的降临几乎如出一辙。游牧民族的西进让罗马文明万劫不复，给西方古代文明沉痛乃至致命的一击；游牧民族的南下横扫华北、关中、陇西，而后更是西取凉州、南临淮水，大半个中国已经不复安生。西方，古老的罗马文明几乎消失殆尽，东方，同样古老的华夏文明却未遭受同样的历史命运。究其原因，很大程度上因为古罗马在地域上没有退路，而华夏大地尚有这个广阔的南方可以回旋，哪怕当时的南方只是一片不毛之地，也依然可以开创出一片生存之地。更为重要的是，古老的华夏文明中始终有一股清流并未同流合污，有几分傲骨不曾弯腰屈膝，哪怕远走他乡，只要保留住这一可贵的民族精神，在艰辛的旅途上也可以来个凤凰涅槃、起死回生，从灾难走向辉煌。[②]只是逃亡，没有了精神依托，走到哪里也会被消亡；只有精神依托，没有空间予以逃亡，也同样无法生存下来。这应该是中原文明能在蛮族入侵、内部腐败、故土不保的情况下经受住这一历史磨难却依然发扬光大的原因，这也是身为中原后裔的客家先民产生的历史学、文化学乃至人类学的依据。

2.1.3 衣冠南渡：华夏文明的传承

晋朝末年，中央王朝腐朽昏暗，对北方游牧民族的入侵并无招架之力，中原士族对于战局感到无望，纷纷开始南迁。河北地区的士族多逃奔到幽州、并州等晋王朝遗存的州、镇。所以在"永嘉之乱"中，流亡江东的士族大多来自黄河以南地区，这一区域被视为客家人的发祥地。这些流亡士族多用谱牒记录其祖先地望、家族流源，以示尊贵，比如王氏、谢氏、刘氏、袁氏、钟氏等，后人称之为"百家

① 五胡乱华[EB/OL]. 百度百科http://baike.baidu.com/view/40251.htm.
② 谭元亨. 客家文化史[M]. 广州：华南理工大学出版社，2009：41.

谱"。而这"百家士族"应当是与"五马渡江"①一起来到江南的，全此北方流亡士族在江南政权中占了主导地位，至晋愍帝被杀后，西晋灭亡东晋彻底偏安于江左。

据不同史料记载，自元康八年（公元298年）后，10年间秦雍人民流亡至梁（汉中）、益、荆、豫（川、鄂、豫）等州有约5万户，近30万人，占当地人口1/3以上；从并州流徙到青、冀、豫等州"乞活"的有4万户，20多万人，占当地人口2/3；从梁、益流徙到荆、湘或者宁州（云南）的更是有20余万户，100多万人，占当地人口的九成之多②。从宁州又有大批人流徙到岭南一带。总之，这一时期因社会动乱，被迫南下流亡的总户数据史料记载几乎占了当时人口的半数以上。

在中国流民的历史上，不难梳理出随之一浪高过一浪的难民潮，这都是以古老的汉民族为主体的大迁徙，他们被迫放弃世代居住的中原故土，背井离乡，举家南迁，从而让这一迁徙呈现出依次向南推进的格局：从山东、江苏北部以及河北、安徽北部南下的部分流民，辗转迁徙，初循淮水而下，越过大江，大多移居于太湖区域（南京、镇江、常州一带），更远的则分布于浙江、福建沿海，他们被称之为"青徐流人"，东晋以及南朝宋齐梁陈的支柱人物，大多出于这一系列之中。而从河南、河北及黄河沿岸地区南下的流民刚开始沿着汝水而下，渡江之后分布于鄱阳湖区域，之后沿长江而下到达皖苏中部，更远的顺赣江到达现在的闽粤赣交界处，他们被称之为"司豫流人"。还有来自陕西、甘肃、山西等地的"秦雍流人"，沿着汉水顺流而下到达洞庭湖，更甚者溯湘水到达桂林，沿着西江到达广东中西部地区……一浪高过一浪的流民潮也是难民潮，几乎覆盖了整个南中国。

东晋政权凭借着流民武装，以少胜多，打赢了著名的"淝水之战"③，将如狂潮般的北方蛮族大军遏制在了黄河与淮河之间。这三股流人中以"司豫流人"抵达的区域最接近后来客家人生存的闽粤赣三省交界之处，其他两股则相去较远。当然不

---

① 五马渡江，又称五马浮江。具体是指西晋末皇族司马氏五位王爷（琅琊王、汝南王、西阳王、南顿王、彭城王）避战乱南渡长江，最后琅琊王司马睿于建邺建立东晋王朝。《晋书》卷六《中宗元帝纪》有记录："太安之际，童谣云：五马浮渡江，一马化为龙。及永嘉中，岁、镇、荧惑、太白聚斗、牛之间，识者以为吴越之地当兴王者。是岁，王室沦覆，帝与西阳、汝南、南顿、彭城五王获济，而帝竟登大位焉。"

② 谭元亨. 客家文化史[M]. 广州：华南理工大学出版社，2009：43.

③ 淝水之战，发生于公元383年，是东晋时期北方的统一政权前秦向南方东晋发起的侵略吞并的一系列战役中的决定性战役，前秦出兵伐晋，于淝水（现今安徽省寿县的东南方）交战，最终东晋仅以8万军力大胜80余万前秦军。拥有绝对优势的前秦败给了东晋，国家也因此衰败灭亡，北方各民族纷纷脱离了前秦的统治，分裂为后秦和后燕为主的几个政权。而东晋则趁此北伐，把边界线推进到了黄河，并且此后数十年间东晋再无外族侵略。淝水之战的结果使东晋王朝的统治得到了稳定，有效地遏制了北方少数民族南下侵扰，为江南地区社会经济的恢复和发展提供了必要的契机。从长期看，淝水之战最重要的作用是使得流落到南方的汉族中原文化得以延续和发展，并且直接影响到了此后隋唐等统一王朝的精神实质，可以说淝水之战保住了中华文化的核心部分并使之从"五胡乱华"后得到喘息和重新崛起的机会。

是说"司豫流人"全部是客家先人，其中与"青徐流人"一道组成的八姓入闽，首先是闽民系即福佬人，语言学上也证明福佬话更接近于晋语。而其他流民当中也未必没有部分成为客家先民，因为在上千年的迁徙之中，民系往复回环错综复杂，但是无论怎么样，这次大规模移民可以看作是客家产生的最早也是最重要的原因。

走访客家地区收集到一些家族族谱资料信息。关于族谱，有不少争论，有人质疑族谱的客观性，也确实存在后人为彰显先祖的名望而主观"修饰"族谱的可能性。这里不做溯源的讨论，只罗列族谱上的一些记载，来作为辅助资料从侧面证实迁徙这一流源的过程。

巫氏：王世诚希公，原籍汝南，因五胡云扰，太元九年，复迁江南……

温氏：……逮东晋五胡乱华，晋愍帝为刘渊所虏……我峤公时为刘琨记室，晋元帝渡江……峤公奉琨命，上表劝进。

张氏：十五世韪公，晋散骑常侍，随元帝南徙，寓居江左。

赖氏：晋五胡乱华，中原望族，相率南奔，粤有卓者，为建安刺史，后因家焉。

刘氏：自五华乱华，永嘉沦覆，晋祚播迁，衣冠南徙，永公之裔，亦适屋于江南。

林氏：晋永嘉之乱，林禄随晋元帝南渡，太宁年间授晋安郡守，遂留居福州。林则徐便是林禄之后。

……

每一个姓氏家族当年南渡，都有一番悲壮慷慨之举，怀着守护汉民族的正统，不惜赴汤蹈火。因此也就不难理解为何晋室南渡，各名门望族竞相用族谱记下祖先的地位名望、家族的流源发展了。根据谱牒，可以看出他们是先后抵达江南地区的，如林姓，留在闽地为闽人，迁入客地为客家人，也正因如此，没有把林则徐归为客家人，闽民系和客家民系先后形成。最早抵达客家祖地、后来成为客家人姓氏中大姓的也有不少。例如，梅县《丘氏族谱传序》（图2-1）中有记载："河南丘氏，先世自东晋五胡之扰，渡江而南，入闽南而汀之宁化石壁。"梅县《邓氏族谱·东汉源流序》："永嘉末年，后赵石勒作乱，伊时有号伯通，叔筱公，友爱感天，全一家命脉，救一方生命，即宁化石壁乡是矣。"程氏族谱也记录："程氏，祖籍河南弘农郡。程旼乃中原名士，因避五胡之乱，迁至海阳县属坝头乡定居，以忠信服人，为纪念其德行，隋

图2-1 梅县河南堂丘氏族谱

大业三年（公元607年）置程乡县。"

据各种资料不完全统计，永嘉之乱，中原南迁者前锋入汀州宁化石壁的姓氏族人有卓、邓、罗、何、邱、詹、郭等，与后来形成闽民系的"八姓"林、黄、陈、郑、詹、丘、何、胡是有所不同的。而且这种姓氏的迁徙特征，也是"客家人皆是中原士族衣冠南渡"的依据。因为衣冠南渡，基本上是一个大的家族、一个大的集体共同进行的，作为家族、姓氏，理所当然是衣冠士族。而这样大规模的迁徙能得以完成，没有相应的凝聚力和经济实力是难以完成的。对此，钱穆先生有这样的定论："南渡者皆胜流名族，在当时早有较高之地位，其留滞北方不能南避者，门望皆较次"。

包括客家先人的"衣冠南渡"南迁的汉人肩负着一个古老民族沉重的文化遗产，这远远超越了任何一个个体生命的保存意义，凭借这么一个开端，一批又一批的南迁流民开始了在新地域的生存。

2.1.4 聚落在粤东的客人

确定客家人来到广东的时间，在学术上是很重要的一个研究议题。目前学术界公认的客家先民第一次大迁徙的时间，确认在两晋南北朝时期。而提出这一观点的，是客家研究集大成者罗香林[①]。罗香林的理论奠定了整个客家学的基础，其中"五次大迁徙"是其中最精髓的部分。所以在其早期著作《客家研究导论》出版后约20年，他又抽出其中关于迁徙部分，改为《客家流原考》，看得出这是他的得意之作，也是经过严格考证的。他的这些作品一直是研究客家问题的经典之作，今日的研究多半是站在他肩膀上开始的。随着当前研究的不断推进，我们对罗香林的学术加以补充和丰富，有了更深入的拓展。一个学说没有深化和拓展就会失去其生命力，从而走向沉寂与消亡。罗香林的学说也是如此，应该说，他对客家迁徙的来龙去脉，在总体方面的考证与描述，有着不可磨灭的贡献，于史论研究的角度而言，无人出其右。

客家先民的第一次迁徙，从时间和事件动因来说，应该是确定无疑的，但关于第一迁徙到达的地区，有可商榷之处。罗先生根据当时收集的史料和谱牒，认定"避难的汉族，向南播迁，远者已达赣省的中部、南部，其近者则仍淹滞于颖淮汝

[①] 罗香林（1906—1978），字元一，号乙堂。1906年生于广东省兴宁县宁新镇。1924年夏毕业于本县兴民中学，后到上海就读承天英文学校。1926年夏从上海政治大学考入清华大学史学系，师从梁启超、王国维等著名学者，兼修社会人类学。1930年夏，清华大学毕业后，即升母校研究院，专治唐史与百越源流问题，兼肄业燕京大学研究院。1936年任广州市立中山图书馆馆长兼任中山大学副教授，讲授史学，与馆中同仁创办《广州学报》季刊与《书林》半月刊。1949年全家移居香港，先后在新亚书院、香港大学等校任教。他首创族谱学，其《客家研究导论》《客家源流考》《客家史料汇篇》等开创性著作，为客家研究奠定基础。被学术界誉为客家总问题专家。

汉诸水间，浸至隋唐，休养生息，劳困渐苏，慢慢地乃得度其比较安适的生活，故自东晋至隋唐，可说是客家先民自北南徙的第一时期"[1]。从中国移民史来看，权威的说法也与罗香林的观点大致相同。他们均认为衣冠南渡，这次移民的浪头和前锋最远到达了五岭之北以及武夷山之西北，没能进入五岭之南和武夷山之东南地区，也就是今天的广东福建交界地域，这便是后来客家人的大本营的中心地带。但是在综合当前发掘的考古学、文献学、地理学等新史料后，这一观点受到挑战。

考古学上，梅县程江长滩村清理出"蜈蚣吐珠山墓群"5座，后经过研究，确认为南朝时期墓穴。1座为土坑墓，4座为砖石墓，砖室墓用叶脉纹、方格纹砖砌筑，墓长3.8~5.2m，宽、高各约为1m。出土有青釉陶罐、陶壶、盘、碟、杯等，以及3件直耳盘口铁鼎、残铁刀和铜镜。而往南至潮安、揭阳，发掘的砖石墓，既有东晋年间泰元某某年铭文的墓砖，又有南朝大明某某年的砖铭，而这些墓室的形制、殉葬品，都是中原的风格，与同时期江南地区的墓葬几乎完全一致，可见汉文化此间已经进入粤东。[2]

文献学上如《晋书·地理志》《宋书·州郡志》《元和郡县志》《太平寰宇记》以及众多地方志上，均表明这一时期内开始有建置的记载。粤东最早设县的是龙川，这是赵佗秦朝镇守于此的缘故。而梅州区域内最早立县的则是兴宁，那是东晋咸阳和六年（公元331年），是析龙川县的东部、紫金东北部等大片区域，县治在今五华县华城镇紫金山，当时名为雷公墩。在兴宁之后，按《宋书·州郡志》记载，东晋义熙九年（公元413年）在粤东设立义安郡，义安郡下设海阳、绥安、海宁、潮阳、义招五个县。南朝时期，齐永明元年（公元483年），又分为兴宁、齐昌二县，治所未变。及至梁天监年间（公元502—519年），废齐昌并入兴宁，县治改到了佗城，也就是现今的龙川县老隆地区。几经分并，至明末清初，兴宁为惠州所管辖。直至清雍正十一年（公元1733年），程乡升格为嘉应直隶州，兴宁为嘉应所辖。而上文提到的义招，大致在今大埔县境内，当时是以东官郡五营地所立。县治设在今大埔县湖寮镇古城村，历史上先后归广州南海郡、东官郡以及义安郡管辖，后又归东扬州、瀛洲所辖，至陈才复归义安郡。隋大业三年（公元607年），义招方更名为万川县，唐一度被废，并入海阳，明成化十四年（公元1478年）立饶平县，大埔县境则在该县内。及至明嘉靖五年（公元1526年），又分饶平的清远、连州二都置大埔县，县治在茶阳。海外大埔客家人都用"茶阳会馆"称号。至于程乡，则在兴宁、义招之后，是在南齐年间（公元479—502年），一说从海阳，一说

① 罗香林. 客家流原考[M]//香港崇正总会三十周年纪念特刊，1950：15-16.
② 梅州市地方志编纂委员会 编. 梅州市志[M]. 广州：广东人民出版社，1999：1572-1574.

从义招析出部分地方，设置程乡县，县境包括现今的梅县、蕉岭、平远的全部以及丰顺的一部分，当时属于义安郡。梁、陈先后隶属于广州义安郡，东扬州，再又隶属义安郡。隋开皇十年（公元590年），撤程乡县划归入义安郡，第二年又重立程乡县，隶属于潮州。至清雍正十一年（公元1733年）前，升格为嘉应州。① 从此以嘉应之名称呼该地域的习惯就保留下来，直至现今，也以嘉应来命名粤东的客家聚集地区。

打开一部中国历史地图集，我们不难看出，最早出现的是龙川、兴宁、义招及至程乡，其中，兴宁、义招、程乡均为晋代及南北朝所立。兴宁情况稍微复杂，与龙川时分时合，原来也是龙川地域，其立县当于赵佗治龙川之际，有汉人跟随相关。龙川自是粤东最早有汉人聚居的地方，当赵佗到了番禺建立南越国，大批汉人追随相去。剩下的融入后来的客家先民之中，史学家一般没有把他们划入两晋南北朝的移民之中，也就未作为最早的客家先民系统。②

2.2 客家人自我身份的认定

在中国一部移民史上，除开"流人"等字眼外，出现频率最高的莫过于"侨置""给客""土断""客户""新客"等词汇，东晋时期便有侨置郡县和给客制度。这些词汇表明了新迁徙而来的人与本地域原住民的区别。除了生活上的不同，文化心理的沉淀和累积也导致了自我身份认定的不同。迁徙到一个新的地方，无论是千里之外，还是隔了几重山、几道河，距离越远思乡的心理便会越重，而生存的价值准则也就更为凸显。所以，侨置郡县不仅是一种心理安慰，也有一种需扎根当地、沉心生活的无奈，当然，另一种需求是在聚集起同乡，维系原来的族群或者家族。

这种侨置郡县的举措可以说是空前绝后，在日后中国任何一次巨大的历史动荡中都未有再现如此的规模。这样的历史举措对后人尤其是侧身于被"侨置"中的人们及其后代当中，影响不可谓不深远，也是人类学、文化学、地理学上一个重要的研究议题，对后来客家民系的形成和发展都是具有深远影响的。

2.2.1 大范围侨置的规模

侨置的规模，我们从古文献中便可见一斑。《晋书·地理志》里有这样的记载："永嘉之乱，临淮、淮陵、并沦没石氏。元帝渡江之后，徐州所得惟半。乃侨置淮

---

① 梅州市地方志编纂委员会 编. 梅州市志[M]. 广州：广东人民出版社，1999：233.

② 谭其骧. 中国历史地图集[M]. 北京：中国地图出版社，1996.

阳、阳平、济阴、北济阴四郡。又琅琊国人随帝过江者，遂置怀德县及琅琊郡以统之。是时幽、冀、青、并、兖五州及徐州之淮北流人相率过江、淮，帝并侨立郡县以司牧之……"而且，另有描述："自中原乱离，遗黎南渡，并侨置牧司在广陵、丹徒南城，非旧土也。及胡寇南侵，淮南百姓皆渡江。成帝初，苏峻、祖约为乱于江淮，胡寇又大至，百姓南渡者转多。乃于江南侨立淮南郡及诸县。又于寻阳侨置松滋郡，遥隶扬州。咸康四年（公元338年）侨置魏郡、广川、高阳、堂邑等诸郡，并所统县，并寄居京邑。孝武宁康二年（公元374年）又分永嘉郡之永宁县，置乐成县，是时，上党百姓南渡，侨立上郡，为四县，寄居芜湖……"该书豫州条又有："元帝渡江，于春谷县侨立襄阳郡及繁昌县。成帝又侨立豫州于江淮之间，居芜湖。时淮南入北，乃分丹阳，侨立淮南郡，居于湖口。又以当阳县流人渡江，侨立为县，并淮南、庐江、安丰，并属豫州"的记载。其司州条又有："以后弘农人流寓于寻阳者，侨立为弘农郡"。另外，徐文范于清光绪二十四年（公元1898年）出版的《东晋南北朝舆地表》中，也有记录："考武因新蔡流人，于汉九江王黥布旧城，置新蔡郡。"

可以引用的文献还很多，我们不难看出，西晋的"洛京颠覆，仕女避乱江左者十之六七"是多大的规模。通过梳理文献我们发现，侨置郡县遍布安徽、江苏、浙江、江西、福建等省，最南已经到达江西吉安乃至赣州。正是因为侨置郡县的范围如此之大、数量如此之多，因此也可以得出这样的结论：一是流人众多，人口数量达到数万以上才可以新立一个郡县管辖机构；二是流人仍然保持中原的生活方式，聚族而居，主观上也想要保持原籍贯；三是中原来的统治者要保证自己的政权以及特权，可用这样的办法缓和与江南地区原住人口的矛盾。后来，刘裕收复青州、徐州等地后，在原州郡的名上加个"北"字，与侨州侨郡相区别，直到他代晋后，又取消"北"字，在侨州侨郡前面加个"南"字。[1]

许多中原汉人，因国家战乱、政治环境等因素，由北至南颠沛流离地迁徙到了南方，生活在新侨置的郡县。这一历史变故，在流人的心目中打下了深深的烙印，影响了其微妙的心理。如果说"客家"这一称呼的由来完全得自侨置郡县、给客制度，并不全面。但是形成这一巨大的"客"之心理，恐怕大多由此而生。后来，"客家"成为一个族群的名称，当与这一巨大的迁徙群体冠以"客"名是分不开的。

2.2.2　身为客身、心忧中原的精神溯源

"侨置"的心理当时是非常复杂与微妙的，社会境遇和生存环境的改变，包含

① 谭元亨. 客家文化史[M]. 广州：华南理工大学出版社，2009：85.

了若干信条和准则。"祖宗田"的故土固然是离开了，但是"祖宗言"故土的称呼却希望可以以新设立的郡县来纪念，不可背弃。可以看得出这些做客之人的艰难，那种浪迹天涯、孤立无援的心态。以故土名称命名侨置郡县，是一种意义上的坚守，也成为一种文化的边界。

当年南下的侨客，可以享受减免徭役的优待，但这不可能永远延续下去，这对政府的赋税收入是很不利的。早期实施这样的政策可以收拢人心，但是长期实施下去会引发各种弊端，所以逐步将其纳入了当地编户，承担同等的赋役。而作为南下的侨客随着时间的推移，虽说偶有北征的行动，但是真正北方或者大规模的北返已经是不可能了，这样一来也相对安定下来。《晋书·范汪传》中有这样的记载："人安其业，丘垄坟柏，皆已成行。虽无本邦之名，而有安土之实。"

由此，土断的政策也就随之产生。在东晋成帝咸和年间，便来了一次土断，就是把客籍转为土籍。到了咸康、义熙年间，又多次实施了土断。南朝刘宋时期，在原郡县和侨置郡县的名字前加上"南""北"的行为，多是照顾侨客的心理，可见土断政策并没有那么容易实施。及至陈文帝天嘉元年（公元560年），则有诏："自顷丧乱，编户播迁……其亡乡失土，逐食流移者，今年内随其适乐，来岁不问侨旧，悉令著籍，同土断之例。"①此时距离永嘉之乱大约过去了200年，自是不可再享受侨客的一些优惠措施。土断政策的反复，可从刘宋，即是最早代晋的刘裕的态度中看出："在汉西京，大迁田景之族以实关中，即以三辅为乡间，不复系于齐、楚。……所谓父母之邦以为桑梓者，诚以生焉终焉，敬爱所托尔。今所居累世，坟垄成行，敬恭之诚，岂不与事而至？"他是想借固有的观念去说服不愿意土断的人们，既然来到了新的地方，都经过几代人的耕耘了，"坟垄成行"，也就可以视他乡为父母之邦、桑梓所系了。不管怎么说，土断虽说有一定效果，但是无法彻底隔断侨客自身的身份认同。从发展的角度看，不拘泥于每个时期"客"的具体细微差别，罗香林的观点更合乎逻辑："至于客家名称的由来，则在五胡乱华，中原人民辗转南迁的时候，已有'给客制度'……可知客家的'客'字，是沿袭晋元帝诏书所定的。其后到了唐朝，政府簿籍，乃有'客户'的专称。而'客家'一词，则为民间的通称。"②

正是长期为客的这么大一个移民群体积淀下来的观念，才会有这个民系的称谓出现。需要注意的是，这里并不是说所有侨置给客的族系后来都成了客家，应当有所分析地区别对待。土断是一种事实的、具体的举措，相当一部分大士族在

① 谭元亨. 客家文化史[M]. 广州：华南理工大学出版社，2009：86.
② 罗香林. 客家流源考[M]//香港崇正总会三十周年纪念特刊，1950：41-42.

这一时期开始了本地化的过程。从身份乃至思想上被土断的人，成了名副其实的"南人"。无论从生活习俗、群体习性、价值观、审美观都被完全同化。钱穆先生对南下士族的演变在国史大纲里有这样的评价："南方士族处于顺境，心理上无所忌惮，其家族组织之演进，趋于分裂而为小家庭制……南方士族早有地位，故不愿再经心世务，乃相尚为庄老玄虚……不期而与王室立于对抗之地位，其对国事政事之心理，多半为消极的。因此南方自东晋以至南朝历代王室对士族不断加以轻蔑与裁抑，而南方士族终于消沉。"钱穆先生之所以有如此评述，是把业已南下的士族与留在北方的士族相比较，因北方士族处于更艰难的抗争之中，尚能维持聚群而居、团结发愤的品性。钱穆所概括的是江南一带南人的文化品格，显然，与客家人的文化品格相去甚远，这是土断后的结果。林语堂认为他们是在晋代末年带着自己的书籍和绘画渡江南下、有教养的中国大家族的后代。所以才会变得像鲁迅所说的"群居终日言不及义"的南人，权贵南迁的同时也就带着腐败颓废的风气。

显然这不是客家人的品性。当然相当多的南下士族成了钱穆、林语堂、鲁迅所说的那种"南人"，但是在整个社会普遍的颓废度日的风气下，中华民族却始终有自己的一股清流，虽然这一清流或隐或现，或断或续，却始终有这么一股不竭清流。所谓"礼失求诸野"，南下的士族中，处于中心地带的大部分，就是钱穆所说的消沉的南人。但是去得更远的、被边缘化的部分，他们却有可能仍然保留北方的生活习性，聚族而居、崇文尚武，慷慨悲歌、忧国忧民。因此，并不应该认为晋代衣冠南渡的一个主要支系"司豫流人"大部分成了客家先民，这需要看当时的流民中，尤其是集体迁徙的大族群流徙到什么地方。那些走得比较远的，与当地融合并不顺利，较容易保留住自己的中原秉性，才可能作为客家先民而存在。不然，魏晋南北朝时期，中原士族的正气与洒脱超然的人格品行，也就能在南方延续下来并聚集在这样一个民系的人身上。那种越边缘、越被孤立的家族和群体，方能在相当长的历史时间内维系住自己的习性，其中聚族而居的生存方式最能说明问题。同样，客家先民应该也不是由后来已定居在江南的衣冠士族再次南迁所组成。那些几百年近千年已经生活在江南的士族们，也包括追随他们的部下、佃户，早已经形成了"南人"的基本文化品格。这种文化品格是很难作为一个整体又恢复到当年中原士族那种正气、潇洒超脱的人格品性。这从文化人类学和人文地理学上也说明，客家先民不是由江南一带生活的居民迁徙而来。

因此，我们可以得出这样的结论，客家先民是由晋代衣冠南渡的大批流人中去得较远较偏僻的部分家族及其追随者作为其中的先行者，与后来在唐宋时期同样从中原迁徙而来的家族及部下、佃户等百姓共同组成。唐宋南迁的族群，在当时的北方仍然保持了中原民族的品格，那种忧国伤时、慷慨悲歌的品性使他们在南下时期不可能与颓废萎靡的南人走到一起，只会寻找那些仍然保留中原气节的先期到达的家族，两股势力相互融合，酝酿成熟为客家这一民系。

2.2.3 祖地和民族身份的认同

在中国的南部，无论哪个民系都很在乎自己的"祖地"，也称之为"开基之地"。后辈往往在以后的繁衍生息之处修建祠堂来祭奠、供奉先祖，以求保佑后世同姓子孙人丁繁茂、事业兴旺。中国人使用姓氏的历史源远流长，从伏羲氏开始"正姓氏，别婚姻"算起，也有五千年的历史了。《左传·隐公八年》记载："天子建德，因生以赐姓，胙之土而命之氏。"《通志·氏族略序》也称："三代之前，姓氏分而为二，男子称氏，妇人称姓三代之前，姓氏分而为二，男子称氏，妇人称姓。氏所以别贵贱，贵者有氏，贱者有名无氏。今南方诸蛮，此道犹存。古之诸侯诅辞多曰坠命亡氏，踣其国家，以明亡氏则与夺爵失国同，可知其为贱也，故姓可呼为氏，氏不可呼为姓。姓所以别婚姻，故有同姓、异姓、庶姓之别。氏同姓不同者，婚姻可通。姓同氏不同者，婚姻不可通。三代之后，姓氏合而为一，皆所以别婚姻，而以地望明贵贱。"姓氏对祖地的指向是再明确不过了。客家族群中，很多姓氏的堂号很清晰地指明了这个姓氏在中原的位置，如王氏为三槐堂属太原郡望，陈姓为颍川堂在今河南许昌，张姓为清河堂，罗姓为豫章堂，周姓为汝南堂，郭姓为汾阳堂，黄姓为江夏堂，韩姓为南阳堂，刘姓为彭城堂……这些都是客家族群里的大姓，也是百家姓人口中数量十分大的姓氏。即使客家人此时已经生活在距离中原地区十分遥远的岭南，但是依然用祠堂的形式来纪念自己家族始祖的中原来源地。[①]

众所周知，自古以来，中原对东南西北方位的族群，有着非常明确的"华夷"之分，即北胡、南蛮、东夷、西狄，虽然后来大部分胡人、南蛮和各种夷狄都融入了汉民族当中，但是这种意识却一直是存在的，并且延续到了现在。对于汉民族来说，东南方位的华夏民族边界是以武夷山和五岭[②]为界线。过了武夷山，便是东

---

① 谭元亨. 客家文化史[M]. 广州：华南理工大学出版社，2009：167.

② 五岭由越城岭、都庞岭、萌渚岭、骑田岭、大庾岭五座山组成，故又称"五岭"。地处广东、广西、湖南、江西、福建五省区交界处。五岭是中国江南最大的横向构造带山脉，同时也是长江和珠江两大流域的分水岭。五岭作为天然屏障，长期以来，长江以南被中原称为"蛮夷之地"。古代的统治者总是利用五岭作为划分行政区界的地物标志，所以五岭也是诸省区的边缘。五岭山脉以南的地区称作岭南，原是指中国南方的五岭之南的地区，相当于现在广东、广西及海南全境，以及湖南及江西等省的部分地区。由于历代行政区划的变动，现在提及"岭南"一词，常特指广东、广西、海南、香港、澳门五省区，江西和湖南部分位于五岭以南的县市则并不包括在内。

夷，其实从武夷山的得名就看得出。同样，在南边，过了五岭便是南蛮之地，而非汉族或华夏族的地域了。因此，客家人从江西进入福建、广东，无疑是离开汉民族的固有领域进入到异族的世界了。而这时，客家人需要重新认定自己的汉族身份，明确显示自身的世系仍是汉族世界。客家人用祠堂纪念祖地，便使自己与中原、华夏文明保持了密切的联系，也有了作为中原民族的身份认同。

即使已经生活在蛮夷之地，但是只要认同自己的迁徙身份、认同族群、认同自己的祖地、认同华夏文明，那么后世的子子孙孙都仍然能以中原民族自居，并且在这里繁衍生息下去。中国传统文化的华夷之辨，正是导致客家人需要通过祖地来获得身份认同的缘由，以郡望自矜，不忘自己为炎黄子孙的历史，内中的酸甜苦辣几句话难以说尽，但是客家人坚守文化边界的努力和苦心，努力寻求自我身份的认定，是客家民系最终独立存在并发展的条件。

2.2.4　客家民系的最终形成

一个民系的形成，其因素是多方面的。既往对客家民系形成的地域、时间的考证，常常拘泥于谱牒以及史料上有关于人口的变化、户籍比例等问题，所以会有地域上的赣、闽之争，时间上的晋代、唐宋乃至明清等多种说法，跨度相差1000年。无疑，上述的考证是建立在大量的研究成果之上的，这应该予以肯定。关于客家的来源、客家民系的形成，罗香林先生于20世纪30年代就做出了卓有成效的考证，其后的学者虽然提出过不同的看法或者给予更细致的佐证，但是主流的观点仍然未变，就是客家人祖先在中原地区，客家人是从魏晋南北朝起，为避战乱、灾荒等因素，历尽磨难、辗转迁徙至南方定居而生的汉族民系。客家迁徙的历史虽然久远，但是真正形成一个民系却是在唐末宋初，就如同罗香林在《客家研究导论》中所记述的："从客家住地各方志所载其地户口，宋时主客分列一史实观察，亦可推知客家先民的迁徙运动在五代或宋初是一种极其显著的事象，'客家'一名亦必起于是时。是时，客家居地虽说尚杂有无数的主户，然而新种一入，旧种日衰，主户的言语日为客语所排驱，主户的苗裔亦渐渐为客家同化，而失却其特殊的属性。观此种种，可知客家的形成年代确在赵宋初年。"[①] 西方历史哲学家柯林伍德（Robin George Collingwood）指出："一切历史都是思想史，是历史学家心灵中重演过去的思想。"[②] 内在的动因及其自觉意识，往往比外在形态的因素更重要，所以在研究客家民系形成的地域和时间这个问题上，是不应该

① 罗香林. 客家学导论[M]. 上海：上海文艺出版社，1992：18-19.
② 林骧华 主编. 外国学术名著精华辞典：第二卷[M]. 上海：上海人民出版社，1994：454.

忽略对其发生的文化变迁和整个大的历史背景进行研究。①因此，客家民系的最终形成不仅有族群凝聚在一起的外部因素，更有其内在的历史文化动因，有着其独立存在的自觉意识。唯有找到其思想文化的源头，我们才可以确定这个民系形成的时间和空间。这比简单的谱牒记载以及人口、户籍数字更为准确和牢靠。客家民系的形成，除了学术界公认的自近代以来的流徙以及同时形成的漂泊基因之外，更为重要的是唐宋二朝鼎盛的文化及其所形成的文化意识，尤其是这种文化意识因两宋积弱之际激发起的民族自尊。

这种文化自尊，又恰巧与自晋代"清流"遗传下来的那种傲啸山林、郡望自矜的文化人格有机地衔接乃至焊接在一起，产生巨大的凝聚力，对形成这么一个"形而上"的民系，无疑是具有无可比拟的催生作用。两宋年间的历史情势，与两晋年间的历史情势，有太多相似之处，民族的危亡，总是迫使一种文化的负载者们勇敢地站出来，承受这种痛苦与压力，寻求再生！②

所以，客家民系的最终形成，其因素大致可以总结为以下三点：

首先是漂泊基因。对于客家族群来说，迁徙似乎是一种宿命，血脉里早已经凝结了漂泊的因子，两晋也好，两宋也罢，甚至两晋到两宋这一段漫长近千年的历史当中，有一个个顽强地坚守大家族传统的群体，在不同时期的动乱中，自北向南整体的迁徙。他们不同于广府人和福佬人，迁徙到新的环境以后，后世子孙不再有多少迁徙的意识，甚至连命名都本地化了。而客家族群似乎总在迁徙当中。先期到达赣南闽西的一些先民，距离江南腹地要远很多，所以对于他们而言，需要保留更多的中原习俗，毕竟走得越远、所到之处越偏僻，他们也就越发地需要凝聚自己的族群，聚族而居，以抵御大自然以及人为的侵害。从孔子说过北方是"杀伐之地"开始，中原地区的自然地理环境令汉民族产生了与生俱来的忧患意识，而且游牧民族的入侵不仅是因为地理因素，更有人为因素，可谓之"天灾人祸"的双重压迫。客家人之所以迁徙，正是寻求对抗这种压迫的破解之道和途径。即使到了闽粤赣交界之处，也就是现在的客家大本营，客家人仍然还在向外迁徙。一种骨子里的永恒的躁动、永恒的希冀，在不断地催促着他们不要停止自己拓展的脚步。到了唐朝，经济繁荣、国家昌盛。这在中国封建时代是

① 笔者认同柯林伍德的历史观。柯林伍德在其著作《历史的观念》（The Idea of History）第五编"后论"中对历史学的本质、历史学的基本特征、历史学的社会作用进行了精辟的分析，实际上这篇"后论"是柯林武德本人历史观的反映，也是把握作者思想的关键。他坚持这一论题："研究自然的正确道路是靠那些叫作科学的方法，而研究心灵的正确道路则要靠历史学的方法……历史学就是人性科学所自命的东西。"因而，一切人类的行动都是历史学的题材，历史学家并不关心人们的吃、睡等自然过程，而关注人们的思想及其创造过程。从这个角度说，历史学是"作为心灵的知识"。
② 谭元亨. 客家文化史[M]. 广州：华南理工大学出版社，2009：177.

空前的，在当时的世界上也是仅有的。在政治上自信地奉行"治安中国，四夷自服"的理念，文化上也有足够的信心兼容并蓄、百花齐放。因此，唐朝人对外交流的进程比以往任何一个朝代都要走得快、走得远。当时的亚洲、非洲甚至远及欧洲的国家都有前来长安的使者，络绎不绝。而长安派遣到外国的使者数量也是前所未有的。学者李泽厚就评价说："这是一个空前的古今中外的大交流大融合。无所畏惧无所顾忌地引进和吸取，无所束缚无所留恋地创造和革新，打破框框，突破传统，这就是产生文艺上所谓'盛唐之音'的社会氛围和思想基础。"① 正是在这样的一个时期，曾经以内陆农业文明为主要特征的华夏古国，开始接受远足的挑战和海外拓展的经历，也开始不再畏惧漂泊的迁徙生活。越境的海洋贸易便是一个突出的表现，据阿拉伯人苏莱曼《东游记》记载，唐朝时期的中国海船特别坚固而且体形巨大，波斯湾风浪凶险，只有中国商船能够畅通无阻。阿拉伯来的货物，需要装载在中国的商船里才能运送。到了宋朝，中国的海上商业更加发达，南宋几乎靠贸易立国，海外贸易空前繁荣，保持通商的国家多达50多个，而且在世界经济中占据主导地位。② 沿海的港口城市取代了著名的丝绸之路，成为中国和其他地区联系的中转站，当时的中国正朝着"成为一个海上强国的方向发展"③。文化、经济、科技方面领先世界，"取得了至今才得到充分理解的非凡的进展"④

在海外经商的队伍中，有很大一部分是往来于东南亚各地的商队。浙江、福建、广东都有不少商人经营海上贸易，客家人的海外远足和海上的探险之路就开始于这个时期。客家人素来有各抱四方之志的精神，不安于现状，习惯于向外拓展。德国史学家查证的资料显示，客家人这种海外迁徙和移居的活动，从宋元时期延续到了明代，跨越整整200余年。⑤ 在广东客家大县梅县，几乎人人家里有"下南洋"谋生的亲戚。清朝时期，许多留守在家乡的客家人就是依靠出海赚钱打工的亲戚寄回家里的钱，修缮祖屋、兴建新房。这也导致了这一时期大量客家建筑的出现。直到今天在东南亚地区，依然有大量的客家族群生活在海外。据学者胡希张的统计，到20世纪末，海外地区和中国港澳台等地，共有客家人1049.629万人（表2-1）。

① 李泽厚. 美术三书[M]. 合肥：安徽文艺出版社，1999：128.
② 斯塔夫里阿诺斯. 全球通史[M]. 吴家婴，梁赤民 译. 上海：上海社会科学院出版社，1999：332.
③ 斯塔夫里阿诺斯. 全球通史[M]. 吴家婴，梁赤民 译. 上海：上海社会科学院出版社，1999：439.
④ 斯塔夫里阿诺斯. 全球通史[M]. 吴家婴，梁赤民 译. 上海：上海社会科学院出版社，1999：438.
⑤ 谭元亨，黄鹤. 客家与华夏文明[M]. 广州：华南理工大学出版社，2001：80.

	海外地区和中国港澳台客家人口分布		表2-1	

地区	人数（万人）	地区	人数（万人）
中国台湾	460	法国	3
中国香港	125	印度	2.5
马来西亚	125	南非	2.5
印尼	120	韩国	2
泰国	55	留尼旺	1.8
美国	28.4	日本	1.2
秘鲁	20	塔希提	1
新加坡	20	柬埔寨	1
英国	15.2	古巴	0.81
越南	15	文莱	0.8
中国澳门	10	特立尼达和多巴哥	0.6
牙买加	10	圭亚那	0.6
加拿大	8.1	德国	0.5
缅甸	5.5	老挝	0.5
澳大利亚	4.3	巴拿马	0.5
毛里求斯	3.5	其他	5.319
		总计：1049.629	

来源：胡希张，莫日芬，董励 等. 客家风华[M]. 广州：广东人民出版社，1997：715-716.

可以说，正是在这种永恒的迁徙中催生了这样一个民系，也正是这种漂泊的生活强化了他们的忧患意识。漂泊的流亡者的意志力和生命力，在风险莫测的征途中常常在危机、变数中得到锤炼，他们需要随时做出果敢的判断，否则便会万劫不复。同时，作为典型的移民文化，客家精神的特征是开放与封闭兼有、革新与保守并存。它既能接纳新文化、适应新变迁，又能改造和吸收外来文化，显示出自己优秀的一面，也就形成了客家人开拓创业的精神和善于接受变迁的适应能力。"一部客家文化，就是移民的文化；一部客家的历史，就是迁徙与漂泊的历史"[1]，深层次讲，这便是客家人能秉持勤俭持家、艰苦朴素，并且有独立性格的根本原因。

---

① 谭元亨. 客家文化史[M]. 广州：华南理工大学出版社，2009：213.

其次，客家人保留了汉民族强盛时期的文化意识和民族自尊。客家人向来认为自己的祖先是魏晋士族、中原望族，"郡望自矜"的心理从来都十分强烈，这种民族的自尊和自豪感从来都没有消退过。经历了盛唐时期的大气恢宏，却要在积贫积弱的宋朝时期面对北方游牧民族只能处于被动挨打的局面，这明显的荣耀和屈辱，更加重了客家民系的民族自尊意识。尤其是宋朝时期的民族危机又非常深刻。宋朝的开国皇帝宋太祖赵匡胤陈桥兵变、黄袍加身，中国历史结束了五代十国混战的时代，进入了宋朝这一饱受争议的统一朝代，一方面是对北方游牧民族的割地赔款、步步退让；另一方面经济兴旺、贸易盛大辉煌。宋朝自建立初期到南宋灭亡，其政权始终需要面对令人焦头烂额的内忧外患，尖锐的民族矛盾，宋朝的军队也是屡战屡败、朝廷也不断南迁。这时期的民族抗争比魏晋时期要更为惊心动魄，毕竟淝水之战硬是靠几万人的军队对抗前秦百万人，硬生生地保住了半壁江山，赢得了生存的空间，东晋得以在江南安安稳稳地休养生息。而南宋的状况更加卑微和屈辱，其命运从来都不是掌握在自己的手中，仰人鼻息、苟且偷生，大量的赔款花出去，又割让了许多土地，但是宋朝最终也没能换来和平。从宋高宗狼狈渡江到临安陷落，元兵的铁骑几乎踏遍了整个中国。不仅徽钦二帝"靖康之耻"被俘虏，连宋朝最后一个皇帝也被逼在广东跳海，最终，中华大地第一次完全掌控在少数民族的铁蹄之下。

此时的华夏文明已经处于崩溃的边缘，现实的命运不能让其顺利地完成自我更新，陷入了文化更为落后的蛮族手中，成为异族中可以利用的至宝。此时"如果不从垂老的旧体重剥离出来，那便会无可救药地一同沉沦下去，归于寂灭"[①]。如同魏晋时期的出走一样，客家人再次踏上了漫长的迁徙之路，虽然已经深入中国南部腹地，但是客家人的民族正统意识从来没有减弱，郡望自矜的心态也一如既往。客家人总认为自己身上是纯正的中原血统，是华夏文明正统的继承者，因此，他们往往直接将自己看作民族的一部分，对国家前途命运更加关心，对民族的屈辱也更加敏感，感受更加真切，他们所背负的民族自尊也就更强，责任感自然也就更加强烈。

一个拥有强烈民族自尊的民系，经历了一个失败与屈辱的朝代、遭遇了深重的磨难、产生了尖锐的民族矛盾，由此引发的民族自尊，最终激活了这么一个民系。"民系的形成，不单单是某个族群人口数量的聚集，更为重要的是共同的历史命运所形成的思想意识的认同，以及对于未来的共同追求"[②]作为汉民族的一个分支，将民族的自尊当成自己的自尊，正是因为强烈的民族自尊意识，客家人养成了谨守

① 谭元亨. 客家新探[M]. 广州：华南理工大学出版社，2006：91.

② 谭元亨. 客家新探[M]. 广州：华南理工大学出版社，2006：87.

自身、不言放弃、永葆希望的性格，虽然一直处在迁徙和移动当中，总是客居他乡、寄人篱下，但是从来没有产生依附、仆从和雇佣的心理。虽然经历过极度的困苦，数次仿佛就要山穷水尽了，但是正是凭借对于民族责任的坚守和民族意识的觉醒，最后他们仍然能够走出一条无路之路，遇到柳暗花明的境地。

最后，客家方言的形成标志着客家民系的最终确立。语言是一个族群的象征，客家方言就是客家民系这个特异族群的象征。大多数学者把客家方言作为客家民系确立的标志，罗香林对客家民系形成时间的界定即是以客家方言的形成作为依据；谢重光[①]也认为判断客家民系的形成应以构成民系的四个要素作为标准，既是共同的地域、共同的经济生活、共同的社会心理素质、共同的语言（客家方言）；陈支平[②]甚至提出客家方言才是界定是不是客家人的最基本要素；邓晓华[③]则强调，历史的、文化的证据很难科学地给客家断代，真正能给客家断代问题提供证据的是语言学材料；王东在《客家学导论》[④]里也指出，客家人之所以区别于非客家人，其中一个基本的也是最重要的方面就是语言。客家方言不仅是客家人的标志，也是客家民系自我认同的内聚纽带。可以说，一个客家人把另一个客家人认同为自己的属群，最直接、最简单的原因就是他与自己同讲一样的客家话，而不是共同的地域、血缘或者其他什么原因。所以，以客家方言的形成与否来认定客家民系的形成与否，应该是没有问题的。对于客家这一特殊的民系，其形成与否不能简单地以共同的地域来界定，而文化是一个宽泛又模糊的概念、血缘也不容易测定，那么共同的语言就成为最直接简单易测的标准了。

当我们明确客家方言是与民系相伴而生，客家方言也是可以界定客家族群的标准，那么也就是说客家方言的形成时期也是客家民系的形成时期。关于准确时间是何时，是前宋、宋代抑或是宋后，目前尚有多种看法。据罗香林的考证，客家方言的形成与民系同步，当以赵宋为起点，因为此时的华南汉族各支系各自演化，客家方言已逐渐形成自身系统。谢重光先生认为客家先民向南迁徙，离开了中原和江淮地区，进入比较封闭、与中原和江淮隔绝的闽粤赣山区，时间久了，语言上就会与中原和江淮地区不同，慢慢形成自己的特点。而客家话开始脱离中原和江淮的汉语祖语走上独立发展的道路时期，就是客家话开始形成的时期。一种语言从脱离祖语开始演变，到正式形成一种与祖语有一定区别的方言，其间要经历漫长的过程，所以，综合了各方的研究成果，谢先生推断客家方言在南宋时形成，并且说："既然

① 谢重光. 客家流源新探[M]. 福州：福建教育出版社，1995：168.

② 陈支平. 客家流源新论[M]. 南宁：广西教育出版社，1997：72.

③ 邓晓华. 论客家方言的断代及相关音韵特征[J]. 厦门大学学报，1997（4）.

④ 王东. 客家学导论[M]. 上海：上海人民出版社，1996：136.

南宋时客家人已经形成共同的地域，共同的经济生活，共同的语言——客家方言，那么，肯定客家民系至迟在南宋时已经正式成立，应是较合宜的。"①对于客家方言形成于南宋这一结论，谢重光认为除了有客家先民南迁进入江西、福建山区的进程到了南宋初期才完成的证据之外，还有其他文献资料可以作为补充佐证，比如南宋周去非著的《岭外代答》卷三"五民"条目中写道："钦民有五种；一曰土人，自昔骆越种类也。居于村落，容貌鄙野，以唇舌杂为音声，殊不可晓，谓之蒌语。二曰北人，语言平易，而杂以南音。本西北流民，自五代之乱，占籍于钦者也。三曰俚人，史称俚獠者是也。此种自蛮峒出居，专事妖怪，若禽兽然，语音尤不可晓。四曰射耕人，本福建人，射地而耕也。子孙尽闽音。五曰蜑人，以舟为室，浮海而生，语似福、广，杂以广东、西之音。"另外，现代方言区域划分与行政地理有着密切的关系，现代汉语言方言区和次方言区的界线，有很大部分跟南宋时期路、州行政区相重合。

当然，任何一个族群或者方言的形成，其发展都是一个渐进的过程，绝不是一蹴而就的。客家方言当然也不是由某次移民运动一次性形成的，而是在长期的历史岁月里，经过多次移民运动的酝酿、累积、沉淀而最后形成的。所以，客家方言就是在一次次的迁徙移民过程中，既保留了北方的语音又融合了当地的土著语言逐渐形成的，这种融合而生的过程应是在宋代时期就已经完成。也就可以根据历史、文化的演进，人口地理、谱牒研究及其他方面的材料认定，客家民系是在两宋时期于闽粤赣边界中形成，从那时起，客家族群本身的特征也明显地体现出来。

2.3 梅县客家人的生存与拓展

2.3.1 闽粤赣山区成为客家族群的大本营

客家学奠基人罗香林先生认为，历史上客家人曾经历5次大规模的迁徙运动，并在迁徙的过程中形成了客家民系（图2-2）。

第一次是受"五胡乱华"影响，自东晋始，大批中原人举族南迁至长江流域；第二次是唐末的黄巢之乱，迫使客家先民继续南下，到达闽、粤、赣接合部，成为客家的第一批先民；第三次是金人南下，入主中原，宋高宗南渡，更多的移民集聚于此，与当地的土著和先期迁入其地的畲族先民交流融合，最终形成客家民系；第

① 谢重光. 客家流源新探[M]. 福州：福建教育出版社，1995：168-178.

四次是明末清初，客家内部人口激增，因资源有限大批闽、粤客家人从客家大本营向外迁移，最远内迁至川、桂等地区，历史上的"湖广填四川"即发生在此时期；第五次是受广东西路械斗事件及太平天国运动影响，部分客家人迁至广东南部和海南岛等地。

　　一般认为，客家先民与客家人的区分时限以客家民系形成的先后为界，即经过3次大迁徙、进入客家大本营至客家民系形成之前的称为客家先民，客家民系和客家语形成后的即为客家人。而所说的客家大本营，是指闽西、粤东、赣南这块三省交界的地区，也是客家人现今主要聚居区域，广东梅州的梅县地域就是该区域的中心地域，也可以说是客家大本营的中心地域。

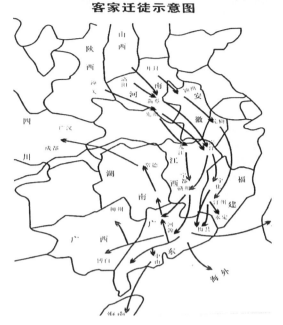

图2-2　客家迁徙示意图

来源：中国数字科技馆 http://amuseum.cdstm.cn/AMuseum/hakla/image/laiyuan/laiyuan_062_1.jpg

2.3.2　早期客家文化的发展

　　客家文化中心在各个历史时期也不断推移，但作为一个整体，则彼此存在互相吸引、影响和不可分割的密切联系。历史上客家文化中心是不断转移与变化的，不是一成不变的。

　　宋代客家文化中心主要有汀州和韶州。汀州，是客家移民早期进入的重要基地。传说宁化石壁乡为客家人的祖居地，因此，客家文化在汀州生根开花，是情理中事，故有"风声习气，颇类中州"[1]之说。代表人物有：宁化郑文宝、张达观、张良裔父子，长汀杨方等人。郑文宝，擅长诗歌，其作品颇受同时代的文坛大家晏殊、欧阳修、司马光的青睐。杨方，则以理学著称，曾从学于朱熹，是推动客家地区理学的兴起主要人物。以韶州为中心的粤北地区是宋代另一个客家文化中心。因韶州地处岭南北上的交通要道，因此该地区的客家文化受益于地理和气候方面的优势，人才辈出，曲江余靖，即是其中佼佼者。余靖，宋代名臣，官

---

① 宋代陈一新《赡学田碑》，引自嘉庆《大清一统志·汀州府二》卷四五六。

至朝廷的兵部尚书，崇祀于广州八贤堂，其史学、诗、古文词均为时人所重。他尤精史学，曾校正《史记》《汉书》，刊误45卷。韶州为宋代客家人藏龙卧虎之地，是有历史根源的。早在唐代，曲江就出过名震中原的张九龄。张九龄，唐朝名相、文冠一时，著有《曲江集》，其诗劲炼质朴，洗尽六朝铅华。《唐音癸签》称其"首创清淡之派"，对其后的王维、孟浩然诗派颇有影响。时人张说则赞誉他为"后来词人称首也"。可以说，张九龄以其卓越才学与高尚人品，使中原人对岭南文化刮目相看。①

　　元代由草原民族统治，自诩为中原民族后裔的客家学子们多不应试仕官。所以这一时期文风转衰，人士不显，记载并不多。明初承元之弊，客家著名文士也不多见。到了明成化、弘治年间才开始渐露锋芒，而嘉靖以后，人才辈出，到了明末清初时期则达到高峰。这一时期的客家文化中心主要有三个地方。一个是福建汀州府。汀州府的文化尤以文史成就为著，代表人物有宁化李世熊、黎士宏，上杭刘坊等人。李世熊，主要著作有《寒支初集》《寒支二集》，史称"六经诸子百家，无不贯通；为文沈深削刻、奥博离奇"。他所撰修《宁化县志》，被誉为天下名志，为客家地区方志学做出了特殊贡献。黎士宏，李世熊弟子，人称"以诗文章名天下"。刘坊，著有《天朝阁集》，他自视甚高，声言"自有文章以来，一刘鳌石而已"，人评其文"足以惊天地而泣鬼神"。第二个是赣南地区。明末清初间，"三魏"和"易堂九子"的古文最负盛名。"三魏"，为江西宁都魏际瑞、魏禧、魏礼三兄弟。"易堂九子"，以魏氏三兄弟为核心，加上李腾蛟、丘维屏、彭任、曾灿、彭士望、林时益。他们的古文成就集中反映在魏际瑞的《魏伯子文集》、魏禧的《魏叔子文集》、魏礼的《魏季子文集》和"易堂九子"的《易堂九子文钞》中。魏氏两代六人，被誉为文坛"三魏"和"小三魏"，传为千古佳话。显然，倘没有当时赣南文风兴盛的背景，是绝不可能出现这一奇特文化现象的。理学方面，则有信丰俞溥，龙南月华，南康刘昭文、王事圣等人。月华，曾从王守仁之学，刘昭文则学于湛若水②之门。可见，赣南理学王、湛两派均有传人。第三个是惠州府，也是明代客家理学中心，一时人才济济，理学发展至顶峰。代表人物有杨传芳、叶时、叶春芳、叶天佑、叶春及、叶萼、杨起元等人。杨传芳，师从湛若水，深得其中奥

---

① 吴永章. 客家文化中心的历史变迁与启示[J]. 嘉应学院学报（哲学社会科学），2006（4）：5.

② 湛若水，字元明，号甘泉，增城人。曾从陈献章游。明朝弘治年（1488—1505年）末进士，授翰林院编修，王守仁在吏部讲学，若水与相呼应。嘉靖时，历官南京吏、礼、兵三部尚书。筑西樵讲舍，学者称甘泉先生，卒谥文简。著有《甘泉新记》《甘泉集》《白沙诗教解注》等。其理学主张与王阳明相左，据《明史·儒林二·湛若水传》卷二八三载"若水初与守仁同讲学，后各立宗旨，守仁以致良知为宗，若水以随处体验天理为宗"，一时学者遂分王、湛之学。

妙。叶时，曾跟随南海庞嵩[①]，崇奉王阳明良知之学。叶春芳，受学于湛若水，"甘泉称其学问纯正"。叶春及，理学推崇陈献章[②]。叶萼，曾从学于薛侃[③]，为惠州一郡师。杨起元，崇心性之学，其显著特点是将佛学引入理学，使佛儒合一。可以说惠州客家地区理学与整个广东地区理学同步发展，"明兴，白沙氏起，以濂雒之学为宗，于是东粤理学大昌"。换言之，明正统以后，陈献章"白沙之学"的兴起，标志着广东地区理学进入繁荣阶段。其后，出现客家、福佬、广府民系的理学大师各据一方、各领风骚和互相渗透、互相辉映的生机勃勃局面。[④]

2.3.3 清代时期梅县地区成为客家文化中心

梅县地区文化兴盛于清代，时年科举兴盛、教育发达。据统计，梅县历代进士105名（含翰林19名），其中宋代7名、元代2名、明代6名、清代90名。人文荟萃，群星灿烂。清康熙三十年（公元1691年）登进士的李象元，为本州属登第者的开端，在乾嘉年间，五次乡试，嘉应州人物独占鳌头。清乾隆十七年（公元1752年）

① 庞嵩，字振卿，张槎弼唐村人（今属佛山市禅城区张槎街道）。明嘉靖十三年（1534年）举人，讲学罗浮山中，从游甚众。后任应天府通判，代理府尹八年，发票赈济饥荒，活民6万余人，调剂苦役，治堤筑防，得田3600亩，移贫民佃耕。尤加意训士，捐出自己的俸给作奖。早年师从王守仁，通晓五经，集诸生于新泉书院，相与讲习。平时携备壶浆单骑出行，不取民间一草一木，人们把他看成是"庞青天"。后任南京刑部员外郎，升郎中，撰写《原刑》《司刑》《祥刑》《明刑》等4篇，名为《刑曹志》。调任云南曲靖知府，刻印《同文编》以沟通3种少数民族文字，并在少数民族地区中推行乡约保甲，主持疏浚盘龙江，行迹遍偏远各地。任职两年，为忌者排挤罢归。后从湛甘泉游，筑室西樵山大科峰下，优游自适。晚年受聘至西宁县（今郁南）讲学，培养生员不少。卒年77岁。著有《太极解图书解》《弼唐遗言》《弼唐存稿》。

② 陈献章（1428—1500年）明代思想家、教育家、书法家、诗人，广东唯一一位从祀孔庙的明代硕儒，主张学贵知疑、独立思考，提倡较为自由开放的学风，逐渐形成一个有自己特点的学派，史称江门学派。字公甫，号石斋，别号碧玉老人、玉台居士、江门渔父、南海樵夫、黄云老人等，因曾在白沙村居住，人称白沙先生，世称陈白沙。出生于广东新会都会村，10岁随祖父迁居白沙村。20岁那年春天在童试中考中秀才，同年秋天参加乡试，考中第九名举人。正统十三年（公元1448年）四月考中副榜进士进国子监读书。景泰二年（公元1451年）会试落第后拜江西吴与弼为师，半年而归，居白沙里，筑阳春台，读书静坐，十年间不出户终于悟道。著作后被汇编为《白沙子全集》。

③ 薛侃（1486—1546年），字尚谦，因曾讲学中离山，世人称中离先生。明代潮州府揭阳人（今潮州市潮安县）人，岭南明代大儒。薛侃于明正德五年（公元1510年）乡试中举，明正德十二年（公元1517年）登丁丑科进士第。明世宗朝，授薛侃行人司行人，后丁母忧，居中离山，与士子讲学不辍，其师王阳明所赠之号"中离先生"。明嘉靖七年（公元1528年）起补故官，为行人司正。在江西赣州亲炙阳明之教，深契良知学旨。明嘉靖十年（公元1531年）上书言建储事，触明世宗讳，下狱廷鞫，后削职为民。隐居讲学于中离山，从学者甚众。嘉靖十五年（公元1536年）远游江浙，会罗念庵于青原书院，一见如故；又至罗浮，讲学于永福寺，东莞学者迎其居玉壶洞；再值惠州，四年后归里，卒于家。终年60岁。隆庆元年（公元1567年）补复其官职，赠承仕郎，河南道监察御史。以侍养归，师事王阳明于江西赣州。后传王阳明学于岭南。是为岭表大宗。薛侃的存世著作有《研几录》《图书质疑》等，《潮州耆旧集》收有《薛御史中离集》3卷，后人又编有《薛中离先生全书》20卷。薛侃颇有贤名，为官清正刚直，曾浚凿中离溪与民为利，为学造诣非凡，后人誉为"行义在乡里，名节在朝野"，他倡阳明学入岭南，《明史》称"自是王氏学盛行于岭南"。

④ 吴永章. 客家文化中心的历史变迁与启示[J]. 嘉应学院学报（哲学社会科学），2006（4）：7.

壬申科会试，广东全省考中进士者11名，而梅州独占了5名。清嘉庆二十年（公元1815年）参加考秀才的士子竟达上万人，时人誉为"岭南冠"而无出其后者。

清代梅州文化，以诗文最为发达。代表人物有杨仲兴（雍正八年进士）、王利亨（乾隆五十四年举人、嘉庆四年进士）、宋湘（乾隆五十九年解元）、黄钊（乾隆六十年举人，时人誉为"粤东七子"）、李黼平（嘉庆十年进士）、吴兰修（嘉庆十三年举人，曾任两广学海堂学长）、范留淑（嘉庆十年生）、叶璧华（道光二十一年生）、胡曦（道光二十四年生，与丘逢甲、黄遵宪被誉为晚清嘉应州三大诗人），黄遵宪（同治十三年举人）、丘逢甲（光绪十五年进士、代表作为《岭云海日楼诗钞》，与黄遵宪并列为"诗界革命巨子"）、温仲和（光绪十八年进士）。这些人中最著名者为宋湘与黄遵宪。宋湘是乾隆以后，岭南诗人最负盛名者，代表作为《红杏山房诗抄》。史称"粤诗自黎简、冯敏昌后，推（宋）湘为巨擘"，或说"后起无如宋芷湾（宋湘字）"。黄遵宪是清末"诗界革命的一面旗帜，代表作为《人境庐诗草》"。他所创作的通俗易懂的"新体诗"，对五四时期的新诗运动起了先驱作用。[①]

特别值得一提的是，著名女诗人范留淑、叶璧华的出现。客家妇女素以聪慧、贤良、勤劳的形象著称，她们在客家社会中起着特殊重要的作用，但由于受封建礼教的长期束缚，在文化上并未有所建树，形成妇女在经济地位活动与文化教育两者间的极大反差。清末，随着风气日开、女权日高，这种畸形局面之不断改变。范留淑的《化碧集》、叶璧华的《古香阁集》，堪称晚清诗歌的璀璨明珠。她们二人则可誉为"五四新文化运动"女诗人的先行者。从范留淑与叶璧华的女性文学成就，也可见嘉应州文化教育之空前发达与普及。

推行新学后，大批学子前赴后继。据1921年统计，梅县中学生达3000余人，当时全国各县中学的学生能达到3000人的，仅梅县一县而已。中华人民共和国成立初期，全国以县为单位设高考考点者，仅梅县一处而已。1955年梅县高考考区赴外地上学学子数以千计，以致只得调拨运江西猪的卡车运送以舒缓交通紧张的困境，这也是传诵一时的佳话。

2.3.4 梅县客语成为客家话代表

之前探讨过语言具有一个族群表征的作用。客家人散居世界与全国各地，族属认同的重要因素是同操客家话。因此，客家人一直遵循"宁卖祖宗田，不卖祖宗言"的祖训，将客家话作为联系不同地区客家人的共同纽带。但是十里不同风，百

① 吴永章. 客家文化中心的历史变迁与启示[J]. 嘉应学院学报（哲学社会科学），2006（4）：7.

里不同俗。各地客家话存在着千差万别，这样在客观上势必形成以人文中心地区的方言作为客家话的代表方言。梅县城区客家话是当今客家方言的代表，这是中国语言学界的定论，也是世界客家人的共识。民国初年，著名学者章太炎在《岭外三州语》一文中指出：广东嘉应州、惠州、潮州三州中，嘉应州方言多保存古代汉语音义，并选出60多个词组与《论语》《礼记》《战国策》《老子》《尔雅》等古代典籍加以印证与诠释。这表明，章太炎把嘉应州语作为承袭古代汉语的客家语代表方言。中华人民共和国成立以后，中央人民广播电台开设对外广播的客家话，即是采用梅县话为标准音进行广播。① 也从一个侧面证明梅县客家作为客家话代表，同时也说明梅县地区是当今客家人生活的主要中心。

2.3.5 梅县地区成为近代客家族群迁徙的来源地

闽、赣客家移民迁入粤东后，特别在明代300年无重大战争，土地日阔，人口膨胀。由明代前期的47万人增至百万人，这里聚居的几乎全是客家人，成了全国客家人的大本营。而当地是"八山一水一分田"的丘陵山地，山多田少，清初以后，大量外迁，又成为国内客家地区移民的重要基地，通过他们又将梅州地区的客家文化辐射至世界各地。清康熙五十一年（公元1712年）以后形成的湖广填四川的浪潮中，夹杂着不少嘉应州（梅县地区）人。据传，英籍华人作家韩素音先人，就是此时由嘉应州迁入川中郫县的。清康熙二十三年（公元1684年），清政府取消海禁后，客家人大量渡海移台。这一趋势一直持续到清朝末年。入台客家人以其原籍划分，以嘉应州属最多，当今台湾客家人仍习称"四县人"。而所说的"四县人"也就是指嘉应州（治今梅县）及其州属的镇平（今蕉岭）、长乐（今五华）、平远、兴宁县人。清乾隆年间，协助清政府攻打林爽文的客家民众主要由嘉应州入台客民组成，"客人者，嘉、平、镇三邑侨寓之人也"。在反对割据台湾的抗日斗争中，其领导核心则系由丘逢甲为首的祖籍蕉岭人组成。至今祖籍蕉岭的台湾客家人已达40余万，超过今蕉岭全县人口的一倍。从中可见祖籍嘉应州的入台客家人人数之众与势力之大。由此也可解释台湾大多客家人的语言、文化和习俗与梅州客家人如此相近甚至相同的原因。

清雍正以后，嘉应州与惠州等地客家人向花县、番禺、东莞、宝安、台山、开平、四会、恩平、新兴、鹤山等广州府与肇庆府属移动。洪秀全祖上系由梅县迁到花县的。至清咸丰、同治年间，客家在台山、开平、四会等广东西路一带者，因土客大械斗，新设赤溪直隶厅，该地"人民由循（今龙川）、梅（今梅州）迁来者居

---

① 吴永章. 客家文化中心的历史变迁与启示[J]. 嘉应学院学报（哲学社会科学），2006（4）：8.

多"。正因如此，民国时期编撰的《赤溪县志》，多取材光绪《嘉应州志》，因其多同祖、同言、同俗。这些都是嘉应州人向珠江流域及西江移民的例证。而在赤溪厅无法容纳的上述诸县客民，不少则南入高、雷、钦、廉诸州，甚至渡海至海南儋县等地。清雍正乾隆时期，客民向邻省移动，其中以广西东南部和湖南东部和南部为多。嘉应州客家人在迁入广西武宣、马平、桂平、平南、陆川、博白、贵县等地的同时，也有逾岭进入郴州、汝城、浏阳、平江等地。[①]

可以看到，自清初以来，客家人因内部人口增长导致向全国各地的移民活动，都与梅州客家地区保持着密切关系。换言之，史学界称始于康乾时期的客家人第四次移民活动，其移民基地主要在以梅县为首的嘉应州。

通过数次移民，奠定了今日客家分布的基本格局，以及梅县地区在客家族群中的影响。同时随着时间的推移，以福建土楼为代表的防御性客家建筑逐渐失去现实意义，客家建筑的形式越来越开放。

由以上回顾梅县地区客家人的发展历程来看，颠沛流离的迁徙、自我身份的认知，以及彼时科学技术发展的局限性，也许让这部分人开始萌生"顺承天命、天道轮回"等思想，加之江西堪舆术的流传，使得风水信仰逐步开始影响该地区的客家建筑，最终造就了围龙屋这一独特的建筑形态，由此孕育了梅县客家人的特色建筑文化，这是客家围龙屋建筑样式形成的文化思想基础。

本章小结

本章总结了客家民系形成的过程，详细分析了客家人南迁的历史原因。因躲避战乱、灾荒，中原民众经过数次迁徙来到了客家人现在的主要分布地区闽粤赣交界地带，同时也指出了梅县地区作为客家代表性地区的合理性。本章还阐述了客家文化产生的缘由，正是在这样的文化背景下，客家人作为一个独特的族群，孕育了具有地域特色的建筑文化。

① 吴永章. 客家文化中心的历史变迁与启示[J]. 嘉应学院学报（哲学社会科学），2006（4）：8.

广东梅县地区传统
客家建筑研究

广东的民居建筑在中国传统民居建筑中独树一帜，特色鲜明。广东地区的主要三大民系是广府系、潮汕系和客家系。如同广东民系的区分十分明显、不易混淆一样，三大民系的建筑，都各有特色、异彩缤纷。被称为中国五大民居之一的客家民居，更是别有风韵、独具一格，值得在历史、文化、审美、艺术等层面进行深入研究，从中感悟到传统与现代、传承与创新的融合，以及自然地理、人文地理等诸多方面的内涵。

3.1 土楼与围龙屋

说到客家特色民居，我们时常认为的建筑形制是土楼。土楼多存在于福建地区，是福建客家民居的主要形式。而围龙屋是广东梅县地区特色客家建筑，虽不如福建土楼那么有知名度，但是作为广东客家地区的特色建筑，是本书关注重点。为了厘清两种客家民居在形式上的不同，在此做简要介绍。

3.1.1 土楼

土楼，是利用未经焙烧的、按一定比例的沙质黏土和黏沙土拌合而成的泥土，以夹墙板固定、夯筑而成的墙体，少部分以土坯砖砌墙，而柱、梁等结构全部采用木料的楼屋（图3-1）。换句话说，就是以生土版筑墙作为承重系统的任何两层以上的房屋。[①] 根据《现代汉语词典》的解释，所谓"楼"，就是"两层或两层以上的房子"。所以，如果只有一层的房子，即使以生土墙承重、以木料作为柱梁等构

图3-1 福建土楼常见形式

来源：http://www.uddtrip.com/news/detail/144236.html

---

① 《福建土楼》编委会. 世界遗产公约申报文化遗产：中国福建土楼[M]. 北京：中国大百科全书出版社，2007：11.

图3-2　福建省漳州市南靖县田螺坑土楼群
来源：https://baike.baidu.com/pic/土楼/255338

架，也不能称为土楼，只能称为土屋。

土楼是客家族群的特色民居，也是世界独一无二的大型民居形式，被称为中国传统民居的瑰宝。这种特色客家民居建筑主要分布在中国东南部的福建、江西、广东三省。它们是几次中国乃至东亚历史动荡和民众大迁徙的产物。其中分布最广、数量最多、品类最丰富、保存最完好的，是福建土楼（图3-2）。[①]

用于夯筑承重墙的沙质黏土，指沙质黄土与黏土按一定比例拌成的泥土。纯沙质黄土含沙质过多，无法结团，缺乏坚固性；纯黏土虽然容易结团，但是如果缺沙，则如同未掺沙的水泥一样，干燥后会裂开，缺乏韧性，唯有两者按一定比例拌合才能用于夯筑土墙。杉木比重比松木、杂木小得多，富于弹性，并且在地面干燥的环境中不容易腐烂。石料主要用于砌墙基，其次用于铺设廊道、天井、门坪、道路等，还用于制作门框、台阶、柱座等，均为花岗石或青石，取自溪河之中或山上。用于砌墙基的石料大者需数人才抬得动。花岗石占绝大多数，青石不多见，一般用于制作门框。较小的鹅卵石主要用于铺设通廊、道路、门坪、天井，同时也部

① 《福建土楼》编委会. 世界遗产公约申报文化遗产：中国福建土楼[M]. 北京：中国大百科全书出版社，2007：12.

分应用在砌墙上。夯土技术在早期已经在福建地区出现。福州新店战国晚期至汉代古城遗址（公元前2—前1世纪）、武夷山城村闽越王城遗址（公元前1世纪）等所遗留的城墙，均为生土夯筑而成，说明当时已经在使用夯土技术。土楼的建筑材料，主要是沙质黏土、杉木、石料，其他材料如沙、石灰、竹片、青砖、瓦等的用量相对较少。

严格确认的福建土楼建筑有3000余座，主要分布在福建省龙岩市永定区、福建省漳州市南靖县和华安县。土楼的兴建高潮是在中国动乱与客家族群由中原向南方迁移之际。这些时期包含唐末黄巢之乱、南宋政权南移与明末清初。这种社会动荡产生的迁徙，不但让客家人最后定居于中国东南沿海、山区，也让客家人建造的土楼主要分布于中国闽粤地区。出于抵御山林野兽、强盗的需要，并体现儒家思想下大家族共同生活的理想，建造了此种形式特殊的建筑（图3-3）。

这些生土夯筑的土堡，被当地人称为寨，有些已经被毁，有些仅存残墙断壁，还有些已经被拆除重建，如今只作为地名沿用。20世纪40年代以前出版的《永定县志》记载了许多寨的名称。据统计，南宋以前永定境内就有溪南里的新寨、赤寨、西湖寨、金寨、仁梓寨、龙安寨、水寨、高寨、犁头寨、罗寨、永安寨，丰田里的

图3-3 不同形制的土楼

来源：https://baike.baidu.com/pic/ 土楼 /255338

广东梅县客家围龙屋建筑遗产及其评价研究

上寨、新寨、下寨、中寨、龙王寨、网岗寨、何家寨、黑云寨、湖洋寨、铜鼓寨、地上寨、龙旗寨、廖湖寨，金丰里的太平寨、杨家寨、天德寨、苏屋寨、曾屋寨、高头寨、金山寨等。这些寨均以生土夯筑而成，既是民居，又是具有突出防卫功能的建筑。[①]

土楼建造的工序包括选址、设计、施工。在选址上一般严格掌握以下几条原则：从实际需要出发，风水要好，尽可能靠近同宗同族的居住地，并且依山傍水，避风向阳，还要考虑所建土楼离他们开垦的土地是否太远，耕作是否方便等。在设计上，建造土楼的能工巧匠们对布局结构、尺寸比例都烂熟于心，他们因地制宜，建造风格因人因地而异，因经济条件而异，居住功能突出，中轴线鲜明。施工是土楼建筑的第三个环节，通常分为备料、择时、挖基、砌石基、夯墙、分层、封顶、装修这几个步骤来完成，这个环节也是确保工程质量的关键阶段。土楼的外形可分为长方形楼、正方形楼、日字形楼、目字形楼、一字形楼、殿堂式围楼、五凤楼、府第式方楼、曲尺形楼、三合院式楼、走马楼、五角楼、六角楼、八角楼、纱帽楼、吊脚楼（后向悬空，以柱支撑）、圆楼、前圆后方形楼、前方后圆形楼、半月形楼、椭圆楼等30多种，其中数量最多的是长方形楼、府第式方楼、一字形楼、圆楼等。

3.1.2 围龙屋

围龙屋又称为客家围，属于客家民居的一种，也是本书研究的客家民居建筑形制（图3-4）。围龙屋是广东客家民居中数量最多[②]的一种建筑形式，其分布以广东梅县兴宁客家聚居腹地为中心，向周围扩散，直至东江流域以及环珠江口等地区。

围龙屋是一种极具岭南特色的典型客家民居建筑。学术界把客家围龙屋与北京的四合院、陕西的窑洞、广西的干阑式建筑和云南的"一颗印"形制建筑，合称为我国最具乡土风情的五大传统住宅建筑形式。被中外建筑学界称为中国民居建筑的五大特色之一。据历史学家考察，这种民宅建筑与古代贵族大院屋型十分相似，是有其历史渊源的（图3-5）。

客家先民南迁定居岭南后，不但传播了先进耕作技术，而且建筑民宅保持了原有的传统风格。围龙屋的整体布局是一个大圆形，在整体造型上，围龙屋类似一个太极图。

围龙屋的主体是堂屋，它是二堂二横、三堂二横的扩展。在堂屋的后面建筑半

① 胡大新. 永定客家土楼研究[M]. 北京：中央文献出版社，2006：15.

② 吴庆洲. 中国客家建筑文化[M]. 武汉：湖北教育出版社，2007：193.

图3-4　客家围龙屋

来源：https://baike.baidu.com/pic/ 围龙屋 /3798233

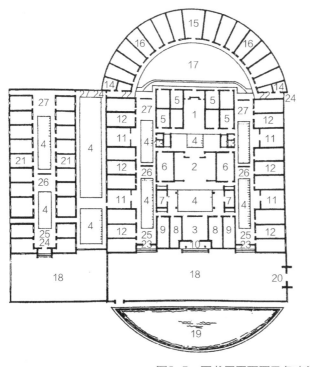

1- 上堂；　　　　　15- 龙厅；
2- 中堂；　　　　　16- 围房间；
3- 下堂；　　　　　17- 花胎；
4- 天井；　　　　　18- 禾坪；
5- 正堂间；　　　　19- 池塘；
6- 花厅；　　　　　20- 外大门；
7- 南北厅；　　　　21- 杂屋；
8- 门房；　　　　　22- 巷道；
9- 下堂间；　　　　23- 小门；
10- 大门；　　　　　24- 侧门；
11- 横屋厅；　　　　25- 下廊；
12- 横屋间；　　　　26- 中廊；
13- 浴室；　　　　　27- 上廊
14- 厕所；

图3-5　围龙屋平面图及各房间命名

来源：陆元鼎，魏彦钧 . 广东民居 [M]. 北京：中国建筑工业出版社，1990：44.

月形的围屋，与两边横屋的顶端相接，将正屋围在中间，有两堂二横一围龙、三堂二横一围龙、四横一围龙与双围龙、六横三围龙等，有的多至五围龙。围龙屋多依山而建，整座屋宇跨在山坡与平地之间，形成前低后高、两边低中间高的双拱曲线。屋宇层层叠叠，从屋后最高处向前看，是一片开阔的前景。从高处向下看，前面是半月形池塘，后面是围龙屋，两个半圆相合，包围了正屋，形成一个圆形的整体。围龙屋的中轴线房间为龙厅，正对上堂祖龛，是存放公共物品的保管厅。在围屋与正堂之间有一块半月形空地，称"花头"，或"化胎"。"化胎"的斜面用作种植花木或用碎石、鹅卵石铺砌，而不用石块或三合土铺平，寓有龙气不会闭塞而化为胎息之意，是全屋的风水宝地。在正屋与化胎之间，开一条深沟，作为围屋与正屋的分界，其主要作用在于有利排水，以免正屋潮湿。在中轴线上为上、中、下三堂。上堂主要为祭祀场所，中堂为议事、宴会场所，下堂为婚丧礼仪时乐坛和轿夫席位。上堂与中堂、中堂与下堂之间左右两厅为南北厅，亦称"十字厅"，是公共会客厅。并排在上、中、下三堂两侧的房间为正房；中堂与下三堂两侧的房间为正房；中堂与下堂靠横屋的正房为花厅，是本族子弟读书场所，内设小天井、假山、花圃等。围屋前面与池塘之间为晒谷场地，在池塘前进入门坪处。

围龙屋集中国传统哲学与风水观念、儒家礼乐文化、建筑工艺与传统工艺技术于一身，是客家民居的杰出代表。正因为如此，后文将以此形制的客家建筑为例进行详细分析。

3.2　围龙屋的演变

3.2.1　民居建筑的先祖——门堂屋

据史料记载，早在商周时期，中原地区已具备成熟的土坯（泥砖）和夯筑技术，可以建造民居、宫殿和城池。"据《考工记》所载，周王已有管理建筑工程的专职官吏，并且有计划地在正方形王城的中央建造具有中轴线和左右对称的宫室、宗庙和社稷坛等。"[1]春秋时期，"士大夫阶级的住宅，在中轴线上建有门和堂两座主要建筑……堂位于中央主要地点，其面积竟大于居住部分的房与室"[2]。秦汉时期，这种门堂式的建筑形制已有空前的发展，地主富户、贵戚官僚住宅规模进一步扩大，一家有数十人，三世同居，同作同食，出现了大量的大型宅第。这一时期，

---

① 刘敦桢. 中国住宅概说[M]. 天津：百花文艺出版社，2004：18.
② 刘敦桢. 中国住宅概说[M]. 天津：百花文艺出版社，2004：20.

住宅建筑深受封建社会的政治体制和思想习惯的影响，尤其汉代董仲舒提出"罢黜百家，独尊儒术"被采纳后，"儒学成为国学，社会风气推崇礼仪制度，讲究尊卑有序。因此，宅第布局上的前堂后寝，左右对称，正厅高敞。主次分明，层层套院的手法几乎成为定式，这种制度一直延续到封建社会末期。"[1]

房	堂	房
房	天井	房
房	门	房

图3-6 门堂屋基本形制平面示意图

门堂屋基本形制是一堂屋或者单栋屋，即三合院式（图3-6）。堂横式结构就是在此基础上发展而来的，其特征是建筑的几何中心布置厅堂，两侧布置横屋。随着家族人口的增加和人们对居住空间需要的不断扩大，便逐渐产生了多堂多横的堂横式民居建筑，有一堂两横、二堂二横、二堂四横、三堂二横、三堂四横、三堂六横、四堂四横、九堂四横也称为"九厅十八井"等形制。粤东北客家传统建筑的基本结构也是基于门堂屋的堂横式结构，其规模之大小取决于堂与横的数量多少。有的建筑因平面位置不足而向高空发展，如位于粤东梅州大埔的蓝氏泰安楼就是一座多层的门堂屋（或者叫门堂楼），外围为三层围楼，中间布置厅堂，属门堂屋的结构。

按照传统礼制规定，这种在中轴线上建有门和堂的堂屋建筑，并非一般普通平民可以修建，必须是受过科名的书香人家或者曾为官宦的人家才有资格修建。客家人自古被认为出自中原书香门第、仕宦家族，清嘉庆年间徐旭曾先生指出："今日之客人，其先乃宋之中原衣冠旧族，忠义之后也。"因此，客家先民模仿门堂屋结构，因地制宜地创造出独特的建筑形制。潘安先生曾说门堂屋"最能代表客家人建筑观，分布最广，无论是粤北粤东，还是其他客家人居住的地方，都能看到这种居住模式"[2]。胡希张也认为"这种屋式源于中原而遍布全国汉族的居住地，虽未具有客家民居的特色，却是建造各种客家传统建筑的细胞"[3]。可以说，粤东北客家传统建筑沿袭了门堂屋的传统布局，形制如何演变，总是万变不离其宗。

3.2.2 坞堡：客家围龙屋的前史

如果说门堂屋尚未完全看到围龙屋的外观造型的话，那么坞堡这种建筑形制就已经明显具有传统客家建筑的造型特征了。

1986年黄陂滠口镇出土一件三国时期的青瓷坞堡，是一件能充分反映当时地主

---

① 孙大章. 中国民居研究[M]. 北京：中国建筑工业出版社，2004：19.

② 潘安. 客家民系的儒农文化与聚居建筑[M]//陆元鼎 主编. 中国客家民居与文化. 广州：华南理工大学出版社，2001：109.

③ 胡希张，莫日芬，董励，等. 客家风华[M]. 广州：广东人民出版社，1997：589.

庄园经济缩影的典型器物。长方形。由围墙、前门楼、四隅角楼、左右厢房和四个盖钵式谷仓组成。门楼内站立一个武士俑，周边一圈有回廊栏板（图3-7）。

图3-7　三国时期的青瓷坞堡

第3章　广东梅县地区传统客家建筑研究

57

关于坞堡起源，有人认为始于魏晋中原区域。魏晋南北朝，是我国历史上一个精神大解放、思想大自由的时代，也是人生最痛苦的时代。"永嘉之乱""五胡乱华"事件把社会搅得动荡不安，"千里无人烟十室九空"，生产遭到大破坏，大批汉人骤然被抛出正常的生活轨道，被迫开启了颠沛流离的南迁之旅。那些未迁徙的地主豪强为保全自我，不得不纷纷建造庄园、坞堡和大宅，聚族而居。随着部分士族向南迁徙，这种庄园、坞堡和大宅建筑形式被带到了南方。唐代"安史之乱"与"黄巢起义"，又引起客家先民开启第二次大迁徙，在赣南形成了客家聚落，坞堡建筑模式在此生根发芽。谭元亨教授称这是"文化记忆的一次历史性定格"。"这一'记忆的定格'，不仅包含魏晋时期以郡望而自矜的贵族意识、门第与望族观念、称情直往的个性追求，也是精神上的留痕，也同样包括物质上的印记，最典型的，便是沿袭汉魏六朝庄园化运动。"[1]也有学者认为，早在汉代就已有了坞堡建筑，如韩振飞先生指出："坞堡这一建筑形式，起源于西汉时期的西北边陲。边地筑坞的办法传入中原，大约是在王莽末年的事，当时的豪家大族趁动乱之机，修筑坞堡，以至跨州连郡……其建筑形式的共同特点就是四隅建有角楼。"[2]孙大章也指出："西汉时期由于农民起义的影响，地主富豪为结寨自保，多构筑坞堡以御敌，堡内设望楼以观敌情。"[3]

汉魏六朝，中原庄园、坞堡的兴起，是一个个大家族面临皇权的弱化而采取的自保措施，这在《世说新语》中有着精彩的描绘，而随着永嘉之乱、士族南迁的进行，这种形式的建筑也随着大家族来到了南方，这便是客家先民第一次大迁徙。而这次迁徙的前锋已经到达赣南等地，随着唐朝安史之乱与黄巢起义引发的第二次迁徙的进行，客家民系已经在赣南聚落而成，这样也顺理成章地把中原的建筑模式带到了那里。而后再渗透到闽西和粤东北地区，最终形成客家独有的建筑文化。陆元鼎、杨谷生先生在《中国民居建筑》一书中总结道："赣南虽有客家摇篮之美誉，

① 谭元亨. 客家民居——文化记忆的一次历史性定格[M]//陆元鼎 主编. 中国客家民居与文化. 广州：华南理工大学出版社，2001：118.
② 潘昌坤. 客家摇篮赣州[M]. 南昌：江西人民出版社，2004：189.
③ 孙大章. 中国民居研究[M]. 北京：中国建筑工业出版社，2004：21.

但因其敞开的北大门，很难首先孕育出具有客家民系独特的建筑文化来，也使唐宋以后才形成的客家民系难以在赣南得到自我完善和蓬勃发展，而闽西、粤东因其相对落后脆弱的土著文明和几乎封闭隔绝的自然环境，便成了客家民系安定、发展、壮大，围楼文化发育成长的温床。"[①]

从现存的客家传统建筑来看，包括赣南的"土围子"、闽西的"土楼"以及粤东北的方形围楼和围龙屋等在内的客家传统建筑，其构造与坞堡可谓非常相似、一脉相承。第一，外部构造，客家传统建筑与坞堡之间具有十分明显的继承关系，平面都呈方形或矩形，外立面为高大坚固的墙，四角建有碉楼，开一到两扇门。粤东、粤北的方形围楼和粤中一带大型的城堡式围楼，四角也有角楼，与坞堡建筑几乎一致；第二，内部结构上，坞堡设有"厅堂"，客家建筑内部是门堂屋结构形式，至少有一间为堂屋，两者极为相似；第三，据史料考证，坞堡建筑是家堡合一的居住建筑形式，也体现出父系大家族聚居的特点，客家传统建筑也是以父系血缘为纽带聚族而居的建筑形式，两者如出一辙；第四，客家传统建筑与坞堡都强调建筑的防御性，而防御性是客家传统建筑最大的特征之一。[②] 由此可见，客家传统建筑围龙屋真正的历史溯源应该为古代的坞堡，是在门堂屋的基本形制上不断演变而成形的。

3.2.3　围龙屋的演变发展

建筑功能上从简陋走向复杂，从粗略走向成熟。早期的门堂屋、坞堡建筑开始，到围屋、土楼，再到出现了围龙屋这种建筑形式，客家传统建筑在结构上是一个逐渐发展成熟的过程。由最初的一堂两横逐渐发展到两堂两横、三堂两横、三堂四横、三堂六横、四堂四横甚至九堂四横即"九厅十八井"等形制，房屋越来越多，平面越来越复杂。

从建筑外形上分析，赣南的围屋到闽西的土楼再到粤东北的围龙屋，客家建筑随着时间的推移，表现出逐渐由封闭到开放的趋势（图3-8）。赣南东接武夷、南横五岭、西依罗霄、北面开阔，总体呈现向北凹陷的地貌，容易受到中原汉族主流建筑文化的影响，建筑以方形平面和多层立面为主，造型非常封闭，与坞堡建筑很相似。粤北与赣南之间仅一岭相隔，两地之间联系紧密，粤北客家建筑脱胎于赣南的土围子，演变

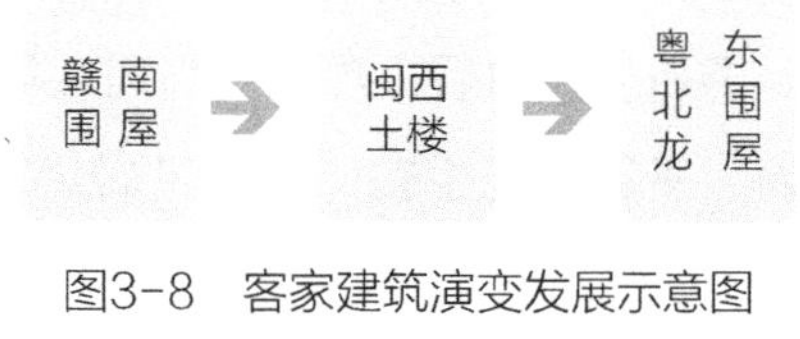

赣南围屋 → 闽西土楼 → 粤东北围龙屋

图3-8　客家建筑演变发展示意图

① 陆元鼎、杨谷生. 中国民居建筑[M]. 广州：华南理工大学出版社，2004：424.

② 谭元亨. 客家文化史[M]. 广州：华南理工大学出版社，2009：95.

广东梅县客家围龙屋建筑遗产及其评价研究

成"工"字围、"口"字围、"回"字围等类型。另外，粤北地区地处岭北和岭南的交通要隘，土匪时有出没，社会治安相对较差，而且客家族群作为外来居民，时常与当地原住族群发生械斗，封闭式的方形围楼因其具有较强的防御能力而成为粤北客家人首选的建筑形制。与此同时，聚集村落中建有五六层高的大型防卫建筑作为村民与外族发生争斗时的暂时居所，作用可比拟开平的碉楼建筑。

自明代降清以来，客家人逐渐取得了当地的政治和经济地位，反客为主，成为当地社会的主流势力，社会地位不断上升，匪盗和族群械斗减少，社会治安比较稳定，因此，粤东围龙屋的防御功能逐渐弱化，由闭合的防御性围子，开放为马蹄形布局。如前所述，客家前期的传统建筑最显著的特征和功能就是防御性。无论是哪一种建筑类型，都具有一定的防御功能，只是强弱不同，由方楼围屋、圆楼围屋到围龙屋，防御功能逐渐弱化。方楼围屋四周高墙围合，内设方位通道，高墙多布置枪眼。有的四角设置炮楼，外围根据生产需要建设有晒谷场和水池。围龙屋则不同，建筑多为一层，前低后高，一般不设炮楼，防御性更低。围龙屋前有月池，房屋后部有半圆形隆起的化胎，而屋后外围则种植风水林。建筑功能从以防御性为主向审美和展现文化内涵方面转变，尤其是月池、化胎、风水林的布置，使得围龙屋更具有观赏性。这种变化的不仅是建筑的形态，也包含时尚和思想观念上的演变，更加注重建筑的舒适性。

3.2.4 围龙屋的地域文化内涵

客家传统建筑随着客家先民不断向南方迁徙，其类型不断发生变化，在演变的过程中，客家传统建筑表现出了明显的阶段性和地域性特色，无论是造型、结构、功能还是审美上均有特征显著的变化。

在客家摇篮赣南、客家祖地闽西、粤东客都梅州分别产生了方形围屋围楼、圆形土楼、围龙屋等典型客家民居建筑类型。后期，粤东又出现了中西合璧的围龙屋，这是因为粤东靠海，华侨比较多，这一批人受到外来文化的影响，归国后在不破坏原有典型建筑制式的情况下，将海外的建筑文化和制式融合到当地的建筑中，使客家建筑的地域性文化内涵更加突出。

而闽西南地域与粤东相邻，两地之间并无大山隔开，交通便利，加上两地之间均以丘陵为主，建筑形制颇为接近。粤东地区作为客家成熟时期的"大本营"，将围龙屋这种形制衍生到其他地区。广西、四川、湖南、香港、台湾等地的客家传统建筑或多或少都受到这种建筑形制的影响，表现出一脉相承的演变特征。"正是建筑形态上的历史演进，使得作为客都的梅州更集中地呈现出客家文化的精髓，土楼与围屋也被世人视为客家建筑的集大成和典范，研究著作不断面世。相信这一独特的视野与描述，会给人们提供一条全新的思路。"[1]

客家作为一支从中原迁徙而来的特殊民系，他们恪守着中原的传统文化，并且十分关注在对建筑文化内涵的保护。客家建筑源于"门堂屋"，整体造型模仿古代的坞堡，实质上也是中国传统文化在建筑上的直观反映。汉代"罢黜百家，独尊儒术"，儒家学说成为国学，社会风气推崇礼仪制度、讲究尊卑有序、客家把儒家文化奉为圭臬，围龙屋建筑布局前堂后寝、左右对称，正厅高敞、主次分明，可谓是儒家文化的生动再现。同为客家围龙屋建筑，但造型各异，甚至国外的一些客属会馆建筑在外形上有较大差异，这是因为要适应当地气候、地理条件、社会状况、民众生活和审美需求的结果。但是总的来说，不同类型的围龙屋同根同源，是客家建筑文化在不同地区的继承、发展和创新。

3.3 围龙屋的典型形制

通常的围龙屋一般由堂屋、横屋、化胎、围屋、风水塘、晒谷场等部分组成，并由各部分的连接处形成天井、天街。因建造地形、时代、家庭经济情况等原因，每个围龙屋的形态和房间数量会有差异。围龙屋整体建筑大致可以分为3个区域（图3-9）：A区包括中心的堂屋、两侧的横屋以及相互之间的天井、天街，是围龙屋整体结构的核心部分；B区包括位于堂屋正后方的、椭圆形化胎和化胎外围的围屋；C区包括围龙屋建筑前区的半月形水池以及水池与堂屋之间的晒谷场。

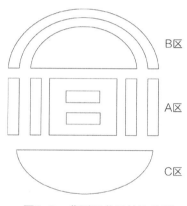

图3-9 典型围龙屋结构分区

3.3.1 建筑结构核心

堂屋是围龙屋建筑的核心部分，堂屋的空间形态具有中国传统的等级意义，堂屋决定了围龙屋的中轴线，所以俗称"正身"[2]。堂屋有两堂、三堂之分。图3-10就是典型三堂屋的结构。靠近半月形水池的是下堂屋，往内依次是中堂、上堂。三堂之间以天井划分，堂屋与天井的组合可以有三堂两天井和三堂三天井。以下堂屋当作门厅，上、中、下三堂屋之间设置两个天井的，称为三堂两天井；而沿着

① 谭元亨. 客家文化史[M]. 广州：华南理工大学出版社，2009：339.
② 吴卫光. 围龙屋建筑形态的图像学研究[M]. 北京：中国建筑工业出版社，2010：72.

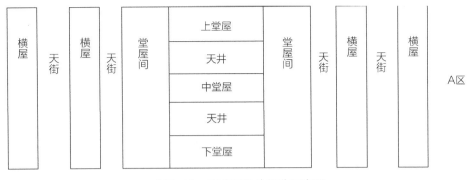

图3-10　围龙屋主体部分示意图

建筑中轴线进入门厅，之后是天井，经过天井才是下堂屋的结构，称为三堂三天井。粤东地区的客家围龙屋，尤其是以平面展开的围龙屋，一般都以三堂两横构成建筑的基本核心部分，横屋或者围龙均按照堂屋确立的中轴线来延伸组织。三堂二横的围龙屋是最常见的形式，也是客家围龙屋中最典型、最具特色、最具有历史感的形式。堂屋通常有三开间或者五开间两种，以五开间居多，中央一间为堂。也有少数围龙屋的开间数比较多，如梅县南口三村的潘氏老祖屋，堂屋竟然有十一开间。[①] 堂两侧的次间和梢间都是居室，叫作堂屋间。前后进之间、天井两侧的房间，在两堂式围龙屋中多为厢房或敞厢，在三堂式的围龙屋中有些演变成花厅。

横屋和堂屋有不同的组合，堂屋一般是固定的部分，横屋是有机可变的部分，而且横屋是向两侧不断延伸，由横屋与堂屋组合关系变化的不同，会有三堂两横、三堂四横、三堂六横等形式。横屋设有横厅，由于横屋数量的增加，厅的数量也相应增加，再加上天井的增多，因此在客家地区会有"九厅十八井"的大型围龙屋。

横屋和堂屋在功能上各有不同。下堂屋连接着门口，当作门厅使用，在实际生活中是放置一些生产工具、雨具等物品的地方，有些比较大型的围龙里，下堂屋也会摆放座椅板凳供往来的族人休憩闲聊；中堂屋是整个建筑的中心部分，一般是作正式会客和餐厅使用，是族群内部成员的主要活动空间；上堂屋是供奉先祖牌位和祖训的地方，也称为祖堂，是围龙屋的礼制中心和最神圣的地方，一般不开放给外人进入（图3-11）。[②] 当宗族内部有重要事情进行，如婚丧嫁娶、节日庆典、商议

① 陈志华，李秋香. 梅县三村[M]. 北京：清华大学出版社，2007：61.

② 早期，祖堂在各种仪式典礼时，也并非各种人都能进入。人们一般在中堂，祖堂只有家长、僧尼、道士等。光绪《嘉应州志》卷八："婚俗，纳彩在上堂，迎亲成礼居中堂。"不过，后期社会发展，思想不断进步，人们更注重生活空间，上堂屋在围龙屋整体结构里的比重逐渐下降，这也反映出宗法观念的逐渐淡化。

下堂（门厅）　　　　　　　中堂（主要活动场所）　　　　　上堂（祖堂）

图3-11　梅县隆文镇坑美村黄氏祖屋的下堂、中堂、上堂

宗族大事的时候，才会在上堂屋进行焚香礼拜。祖堂里，把祖先放在至高无上的位置，供奉的神仙如观音菩萨等居其次，这说明在客家的宗法礼制里，家族的纽带影响着现实生活的一切，伦理性的祖先崇拜高于宗教信仰。

　　在堂屋两侧分布着横屋，根据家族人口、经济实力的不同，横屋可多可少。横屋是家族成员主要的休息场所和居室，按照亲属血缘的远近关系、结合建筑的朝向、房间通风程度等因素，由中心向建筑外围来分配各家庭成员的房间，由此可以看出，围龙屋也体现了比较严密的家庭等级关系。

3.3.2　建筑延伸部分

　　建筑核心部分堂屋之后是围龙屋的延伸部分，是围龙屋民居最独特的建筑结构，分为化胎和围屋两部分（图3-12）。其中，半圆形的后部院落叫作"化胎"，它既不是平地也不是斜坡，而是一个半圆形微微凸

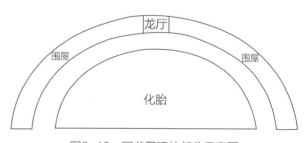

图3-12　围龙屋延伸部分示意图

起的球面，化胎在实际生产生活中并没有什么特别的功能，但是化胎作为整座建筑的风水核心，是客家人意识里的重要建筑哲学符号。沿着半圆形的化胎外围修建围楼，为了节约农田，围龙屋一般都贴山而建，围龙屋的前半部分（堂屋和横屋）在山坡下平地以水平方向平面展开，自化胎起开始逐渐升高，沿马蹄形院落外缘的半圈围屋依循地势，约往后越高。围楼可以是多层围楼，围楼中轴线正中的一间屋子不安排家庭成员居住，此屋称为龙厅。化胎和龙厅是围龙屋独有的建筑结构，他们有着重要的风水学意义。

图3-13 围龙屋化胎

化胎是围龙屋的一个重要识别标志。化胎，也称为胎土、花胎、花头，由此可见"胎"是这个名字的核心概念。从形态上看，化胎是一个中间凸起，前、左、右三方向下倾的曲面体，在建筑里并没有实际用途；从意义上说，化胎象征着母体的子宫，整个家族居住在她孕育的环境之内。化胎像母体一样将整个家族紧紧环抱怀中（图3-13）。

有些建筑的化胎表面密集、均匀地分布手掌一样大的鹅卵石，或者其他石制材料，寓意居住在围龙屋里面的后世多子多孙、子孙能人丁兴旺。正是由于化胎的形体与象征意义的完美统一、充满神秘色彩，使得围龙屋成为客家民居中最具有特征意义的建筑形态。

3.3.3 建筑前伸部分

围龙屋的前伸部分包括禾坪和风水池两部分。禾坪在主屋门前，长度大致与主屋正面长度相等，宽应与屋脊高度相等。禾坪的作用是收获季节用来晾晒收割的谷物，平时也可用来晾晒衣物和自制的食物，年节时是舞狮耍龙灯、放鞭炮的场所，庆典的时候也可以摆设宴席。禾坪前设计一个半圆形水塘，称为风水池，其弦长相当于禾坪的长度，但是半圆形的弦长要小于后面整体建筑的宽度。至于这么做的原因，有一种解释是客家哲学里把水的流动当作财富，水塘的宽度要小于房屋的宽度，这样才能把肥水控制在自己家的范围之内，财气才不会外泄。根据地形，有些水塘是挖出来的，泥土正好用来筑围龙屋的夯土墙，有些则是夯土成围堰，储水成塘的。不同于化胎，水塘有实用价值，既可养鱼，也可洗涤衣物，而且还可改善小气候，并且还能防灾灭火。宋代袁寀著《袁氏世苑·治家》中有这样的表述："居室不可无邻家，虑有火烛无人救应。宅之四围如无溪流，当为池井，虑有火烛无水救应。"围龙屋都位于山麓台地，距河流较远，所以水池的设计对防灾很重要，而且对聚落的空间结构和景观也起到很好的作用（图3-14）。

图3-14 屋前禾坪和水塘

3.4 围龙屋的营造技法

目前存世较多的围龙屋是清末至20世纪40、50年代修建的，中华人民共和国成立以后，由于新建筑技术的推广，较少按照传统工艺再营建新的围龙屋了。传统技法营建围龙屋施工程序包括定位选址、开地基、修化胎、夯墙建屋、上梁铺顶、装饰等步骤。

3.4.1 选址

新建一座围龙屋，都要先请风水师选择建造地点。风水师会根据该地区的山势走向、地理方位等定下龙穴。确定龙穴之后，在穴眼位置打上"先师符"[1]，再用罗盘结合周围环境，包括朝山、案山、后龙山、左右龙虎砂等相互关系，定出房子的朝向，然后按照尺寸定下建筑大门位置。大门门槛的中心点和打有"先师符"的龙穴连线便是房子的尺寸，两者之间的垂直轴线便是大门的朝向。有时因为地势、植被等因素导致环境不是很协调，大门与轴线并不能同向，因此为了照顾风水，会把

---

[1] 先师符是为了祭奠杨公先师，客家地区盛行江西堪舆形法理论，杨公为该理论创始祖师。杨益（公元834—900年），俗名杨救贫，字叔茂，号筠松，唐代窦州人，著名风水宗师。杨筠松为唐僖宗朝国师，官至金紫光禄大夫，掌灵台地理事，为唐朝著名地理风水学家。

大门调整一个角度，也就出现了有些建筑的大门并不是正对建筑正中心的情况。在确定了中轴线、龙穴、门槛朝向之后，便可以平整地基、确定平面图，在地面放灰线，定出外墙位置，便可以进行下一步工序。

3.4.2 开地基

建筑地基的深度是根据当地土质情况而定的。一般挖至老土，约深二三尺（约1m）到五六尺（约2m）不等。基本上楼基与墙角宽度相同，但略有收分。楼基多用大块河卵石垒砌，空隙以小卵石填塞。墙角也是用河卵石和毛石垒砌，内外两边用泥灰勾缝。各地区土楼墙角不尽一致，大致在二三尺（约1m）高[1]。用大块卵石垒砌墙角时，要注意将较大的一面朝下，三方靠稳，并使砌筑面保持向内倾斜。同时石块应大头朝内，小头朝外，互相卡紧，墙角才不会被撬开。地基开挖以后接着垫墙基、砌墙脚，当地称为"打石脚"。之后便可以在地基之上修建建筑、开建房屋。

3.4.3 修化胎

动工造屋之前，要先做好化胎。化胎是建筑后部半圆形凸起的部分，从平面上看，这个弧形的弦长中心点就是建筑龙穴所在。在这个位置要摆放五块石头象征"金木水火土"五行，依照风水理法摆放，称为五行石（图3-15）。风水学认为建筑的选址是至关重要的，必须结合地理风水、阴阳五行等因素来决定建筑的位置和朝向。

图3-15 代表"金木水火土"的五行石

五行的每一个元素都代表着"位"的概念，木代表东方、火代表南方、金代表西方、水代表北方，而土为居中。再者，五行的金木水火土之间有相生相克的内在关系。所谓相生，其顺序为木、火、土、金、水，即是木生火、火生土、土生金、金生水、水生木；所谓相克，其顺序为土、水、火、金、木，即是土克水、水克火、火克金、金克木、木克土。五行内部相生相克的循环关系意味任何两种元素之间都必然发生相互关系，并且它们之间的这种关系是唯一的。[2]

---

① 吴庆洲. 中国客家建筑文化[M]. 武汉：湖北教育出版社，2007：108.
② 钱翰. 略说五行之"五"[J]. 北京师范大学学报，2007（4）.

五行石之上便是化胎，化胎的坡度、球面弧度各不相同，因地制宜。据当地建造师傅介绍，化胎的形态由大木匠来决定。[①]大木匠站在预定的上堂屋后门口位置，指挥工人削土填土，到他认为满意为止。据说并没有一定的规矩，只凭借大木匠的经验和感觉，整体形态饱满了、圆润了，就算完成了。因为每个建筑的地理位置不同，山势变化较大，因此每座建筑的化胎也大概不太可能有严格的规定。也许有些大致的规矩，但是由于大木匠将这些规矩作为秘术不肯轻易告知，以至于到现在没有多少人知晓了。这种可能有的规矩和其他许多风水术一样，都被匠人、术士们用来作为谋取主家红包的手段，而且故意渲染了许多神秘色彩。

3.4.4 夯墙建屋

夯土墙的基槽并不深，槽底取平，垫一层大块石作为墙基，用灰浆灌实。往上夯筑墙体，这个过程称为"行墙"。墙厚约为0.5m，夯筑时要用木制模板称为墙槎，由槎桩、夹板、狮头板、牛栏、蟹夹等部件组成。夹板厚约0.05m，高约0.4m，长度3~4m。狮头板可在夹板中间移动，调解夯土块的长度；牛栏和蟹夹则用来固定两侧夹板的间距。围屋的弧形墙有专门的弧形墙槎，分为几种弧度，因为弧度很缓慢，所以弧形的墙槎并不难做。夯土的原材料当地俗称三合土，把白灰、黏土、河沙原料进行过筛，然后按重量计算约为5：1：4的比例进行配比混合搅拌，泼水闷熟。夯土时，每一槎夯分三层夯实，每完成一层夯土便使用鹅卵石整齐地平铺上面一层，以加固墙体。要避免墙体夯块上下通缝，因此每一槎前后要错开20cm以上。因为夯块干燥前强度比较低，不能接连往上夯筑，要等待夯块晾干一些以后再往上夯筑，所以工作的速度不能太快，也不能同时使用很多墙槎一起工作。土墙的夯筑进度很慢，通常为"上三下四"，意思是上午最多连夯三版、下午最多连夯四版，主家为求质量牢固，也不能赶工，所以当地有谚语"上三下四主人看到不敢声"[②]。隔断墙、内檐墙、外檐墙都是夯土墙，门窗之间的窄墙则用土坯砌出。夯墙时不留窗口，待夯墙完毕后再挖洞口，门窗都是后期安装的。

围龙屋的建造有严格的次序，都是从上堂屋开始，然后是中堂屋、下堂屋、横屋、围屋这样依次进行。这与当地风俗有关，就像如果当地家里有几个兄弟，必须是哥哥先结婚，然后弟弟才能结婚，如果弟弟先婚，村人便会非议说："哪能先造下堂再造上堂。"造围屋时，先从龙厅着手，再循两侧而下，每间开间相同。两段

① 陈志华，李秋香. 梅县三村[M]. 北京：清华大学出版社，2007：90.

② 陈志华，李秋香. 梅县三村[M]. 北京：清华大学出版社，2007：88.

的最后一间是调节施工误差的地方，开间宽窄是可以变化的。如果是两圈围屋，则内圈的这一间用作过道。也有些外圈围屋在这里设过道或在这间开个后门通屋外。顶层夯土墙完工要放鞭炮，这时楼主要办"完工酒"煮红汤圆，宴请木匠以及帮工的亲朋好友，一是共贺完工，二是表示谢意。

3.4.5 上梁铺顶

夯筑顶层土墙完工后要开始进行下一步工序——上梁。每夯完一层楼的土墙，便在墙上挖好搁置楼板或木梁的小槽，然后由木工竖立木柱、架木梁，该阶段称"献架"。[①]上屋顶的大梁（脊檩），是最神圣的时刻，要请风水先生选定日子和时辰，举行"上红仪式"。由木匠在大梁上画八卦并开光、点红，在大梁正中对称地挂上两小包五谷和两小包钉子，祈求五谷丰登，人丁兴旺。"上红仪式"结束才上大梁。因为建筑的外墙很坚实，可以承载很大的重量，所以大梁的一端直接支撑在外墙上，另一端则支撑在内圈木柱之间的横梁上。上完大梁又得放鞭炮、宴请。

搭完梁架后，在梁子上搁檩（当地称"桁"），檩上再钉望板（当地称"桷枋"），每一开间在屋内可以望见的"桷枋"的片数，要合"天、地、人、富、贵、贫"这个顺序，最后一片，要钉"天"钉"地"不钉"人"，钉"富"钉"贵"不钉"贫"，反映了楼主祈福求贵的心态。"桷枋"钉完即可上瓦，桷上铺瓦要出七留三，即下层瓦片被上册瓦片压住大约30%，瓦顶上还压砖块以防大风掀瓦。围龙屋屋顶的木构架为穿斗式，其大木结构比较简单，与其他地区传统民居的做法大致相同。

3.4.6 装饰完善

这个阶段的主要工作包括铺木楼板，装门窗扇，安走廊栏杆，铺地面，开外墙洞安装木窗，做卵石台基和大门台阶，并制作楼匾，还要装饰祖堂等。完工之后照例要请客，选好日子好时辰搬进新居。

搬新家时，先把主要家具就位，留一些小件，待仪式后，好时辰一到全家要按年龄大小排队，长辈在前晚辈随后，每人手中都要拿着东西，例如油灯、火把或是小件用品，边走边放鞭炮边说吉祥话语，相互祝贺。最后，便热热闹闹搬进新居。[②]

---

① 房学嘉. 客家民俗[J]. 广州：华南理工大学出版社，2006：164.

② 房学嘉. 客家民俗[M]. 广州：华南理工大学出版社，2006：176.

3.5 围龙屋的装饰艺术

传统建筑的装饰主要是指附加在建筑构件或建筑结构部分的艺术处理,旨在美化建筑的内部空间或增加外部观感的感染力。围龙屋通过房间的布局、建筑空间的构成、序列或房屋的整体形象来表现一定的精神追求,依靠各种色彩、雕刻、文字、绘画等来构成建筑本身所具有的装饰艺术。它们不仅是客家围龙屋建筑艺术的表现手段,更映射出居住其中的客民人深层次的心理诉求。围龙屋的装饰手法主要有木雕、石雕、彩描等几种形式。

3.5.1 木雕

木材是中国传统建筑使用的主要建筑材料,而木材质软,易于刻出花纹和玲珑剔透的层次,是很好的艺术表现材料。中国木雕艺术历史悠久,它与中国木构建筑是同步发展的。有关木雕最初的记载在春秋时期就有了,如《周礼·考工记》记载的"刮摩之工"指的就是雕工。宋《营造法式》中对木雕做法做出了明确的规定,按雕刻形式分为四种,即有混作、雕插写生花、剔地起突卷叶花、剔地注叶花。到清代时,木雕装饰在各类建筑中得到更广泛应用,木雕工艺手法逐渐多样化,出现了镂雕、玲珑雕等雕刻手法。同时,木雕工艺倾向于表面装饰化,形象更为繁复,并要求工艺操作简化,因而,出现了嵌雕、贴雕等更具装饰效果的新工艺装饰手法。另外,在装饰题材方面趋于大众化,图案花纹表现出浓厚的自然生活气息。这一时期,我国各地出现一些著名的木雕品种,反映出不同的木雕艺术风格与流派,其中最著名的是浙江东阳木雕、广东金漆木雕、温州黄杨木雕、福建龙眼木雕,俗称"四大名雕"。[①]

广东地区作为木雕技法较为发达的地区,总体来说常见的有以下几种。首先是线雕,这种技法是最早出现也是最简单的一种技法,就是把线描平面刻画出层次的做法,线雕主要用于雕刻花纹和物体形象的勾勒,也可以用于表现纹理和物体的层次感。其次是浮雕,古称剔雕,宋代营造法式中有"剔地起突"的描述,其工艺是按照主题在木材中进行铲剔,逐渐形成凹凸效果,广东地区称为"铲花",这种技法层次感比较明显,工艺也不复杂,多用于屏风、门板、桌椅板凳等构件,是木雕中普遍使用的技法。浮雕可以分为浅浮雕和深浮雕,精美的深浮雕主要用于装饰门窗、廊檐、梁枋、雀替等构件,可以使表现的主题更立体。还有就是透雕,广东地区称为"拉花",透雕的工艺要求比较高,先是要在木料上草绘花纹图案,然后按照主题进行

① 王笃芳. 中国民间木雕技法[M]. 北京:中国劳动社会保障出版社,2010:7.

雕、凿、刻、铲，并将木料前后两边贯通，可以形成内外都可观赏的效果，这种技法对工艺要求比较高，一般用于大户人家的槅扇、门窗等处。除以上几种雕刻方法以外，还有沉雕、圆雕、贴雕等在实地考察中不常见的雕刻技法，因较少用于梅县地区围龙屋木雕构件上，这里不做介绍。

木雕的装饰手法经常使用在客家围龙屋的木质构件上，包括大木作中的梁枋、驼峰、梁头、雀替等的雕刻装饰，也包括小木作中槅扇、门窗、祖龛周围、檐口封檐板等的装饰雕刻。

梅县地区客家围龙屋木雕装饰总体风格是早期装饰相对简单质朴，随着时间推移和经济发展，逐渐趋于精美繁复。位于广东省梅州市梅县区江北镇、修建于清乾隆十九年（公元1755年）的廖氏祠堂，在翻修过程中拆除了梁架，目前作为客家建筑的承重构件展示品，

图3-16　现藏于中国客家博物馆的廖氏宗祠梁架

藏于中国客家博物馆（图3-16）。该梁架整体表面涂刷红色油漆，饰以彩色描绘吉祥图案如花卉、寿桃等；运用浅浮雕和线雕的方法雕刻祥云、枝叶、瓜果等。

道光年间以后，木雕装饰的精美程度大大增加。以建于光绪十年（公元1884年）、位于广东梅县东郊周溪畔的人境庐为例，其堂屋大木作木雕堪称围龙屋木雕精品（图3-17）。人境庐中堂前檐两侧的挑梁处雕刻一对精美的木狮子，狮子头大、腰短、呈现趴俯状态，两只狮子头部分别朝向两侧，整体雕工细腻、细部刻画非常生动，连狮子的毛发也清晰可见。在狮座上在承托檐檩，檐檩之间还用线雕技法刻画了花卉、植物，梁架漆刷红色底漆，饰以金漆和彩色绘画装饰。

小木作雕刻装饰的主要部分在堂屋的槅扇、房间的门窗、家具的装饰中。槅扇是中国传统建筑中一种最为常见的门扇形式，因其拥有隔而不断的独特外观和丰富多彩的雕刻，是传统建筑外檐装修最好的装饰形式之一（图3-18）。槅扇最迟在唐代晚期就已出现，宋代时称格子门。[1]

槅扇由立向的边挺和横向的抹头组成木构框架。抹头又将槅扇分成槅心、绦环板和裙板三部分。槅心是主要部分，占整个槅扇高度的3/5，由棂条拼成各种图案。棂条分内外两层，中间糊纸、夹纱或安玻璃。室内槅扇多采用夹纱做法，所以又称碧纱橱。绦环板和裙板亦多雕刻各种装饰图案。室内槅扇的雕刻较为细腻。槅扇上下一般安有转轴，可以自由开合。有的槅扇不用绦环板和裙板，而像

---

[1]　傅熹年. 中国古代建筑史[M]. 北京：中国建筑工业出版社，2003：612.

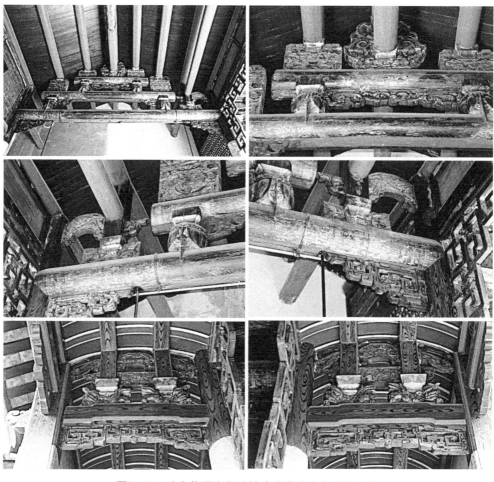

图3-17　广东梅县东郊人境庐中堂大木作木雕细节

图3-18　广东梅县城北德馨堂内槅扇

图3-19 槅扇平时关闭，在需要时可以整体移除

槅心一样使用棂条，称落地明造。由于具有良好的通风照明功能和装饰作用，再加上生产统一的门，相对节省劳力和材料，使用更方便，宋朝后大范围应用在民居建筑里。槅扇兼有门和墙的功能，可以任意组合、拆卸，使用上较为灵活。当宗族需要举办大型活动时，也可以全部移除，形成较为宽敞的空间（图3-19）。在考察的客家民居中，槅扇主要安装在建筑的中轴线堂屋以及堂屋的两侧堂屋间。堂屋之间作为隔断的槅扇门，一般有四扇，两侧的堂屋间一般是两扇。田野调查中发现，由于后人出城里打工谋生，现存的围龙屋中许多已经无人居住，出现破损的时候也无人修理，槅扇又是建筑构件中比较容易损坏的部分，保存情况并不理想。

槅扇是重点体现木雕工艺装饰的建筑构件。槅心位置需要有通风采光的功能，因此南方民居建筑中的隔心基本都是镂空的。早期的槅心一般以几何纹样做底，而后出现了各种祥禽瑞兽、花鸟鱼虫、瓜果树木等具有吉祥象征意义的纹样作为主题。绦环板和裙板都是实心木板，绦环板位于槅扇中央，常用深浮雕装饰技法雕刻出一组不同形式的图样。裙板位于视线下方，装饰相对简单或者根本不做雕刻装饰。调研的客家围龙屋建筑中，槅扇喜好通体上红色油料作为防腐处理，漆金装饰。

3.5.2 石雕

由于石质材料的稳定性，人类很早就认识到自然界冰冷的石头可以为我所用。从早期的敲打、磨造石制生产工具和武器开始，到运用石材建造房屋、雕刻装饰，石制材料的使用几乎贯穿着整个人类社会的发展。梁思成先生曾说："盖在先民穴居野处之时，必先凿石为皿，以谋生存，其后既有居室，乃作绘事，故雕塑之术，实始于石器时代，艺术之最古者。"[1]到了商代，冶铁技术发展以后，石材开始用于建筑的装饰，石雕艺术开始兴起。石雕起源于商，成形与周，汉代为历史发展的一个高峰期，唐代发展达到了另一个高峰。唐代建筑石雕在汉的大气、雄伟基础上增加了力度与和谐的因素，从而铸就了这一时期的辉煌。明清时期建筑石雕精工细刻，繁华富丽，创作形式相对比较单一，但是数量却急剧增加，若将明清时期的建筑数量与前期相比，大约可为8：1。[2]

　　客家围龙屋用到的石雕工艺主要是在石柱础、石裙板、大门石门楣等结构上（图3-20）。客家围龙屋的大门一般都采用石材制作门框，有些处理成外框圆拱、内框长方两个层析，形成特有的构图。石门楣、有些房间的开窗便成为可以进行雕刻处理的部分，一般都以雕刻浅浮雕的形式进行，有些雕刻一些吉祥文字，比如"福""寿"等，更常见的是雕刻吉祥寓意的图案，像蝙蝠、龙凤呈祥、如意花瓶、葫芦等，有些也刻有八卦图案。围龙屋中的柱础大部分用石材制作，一般使用在堂

图3-20　围龙屋建筑中的石构件

① 梁思成. 中国雕塑史[M]. 北京：百花文艺出版社，1998：1.
② 吴自强，吴梦麟. 古代石刻通论[M]. 北京：紫禁城出版社，2003：2.

屋的梁架檐柱、堂屋之间的屏门等位置。柱础样式多种多样，常见的有鼓式、莲花式、四方式、花瓶式等几种（图3-21）。

另一个大量运用石雕技法的是石榫杆（图3-22）。石榫杆也有叫石桅杆，客家人为铭记家族中考取功名的人，在祖屋或祠堂前竖立石榫杆，以光门楣、激励来者。自宋朝以来梅州文风日盛，人才辈出，为表彰考取功名者民间开始流行在老祖屋门前禾坪边竖石榫杆，这是考取功名的人和家族的荣耀，也是为了激励子孙后代

图3-21　堂屋中的柱础

图3-22　石榫杆的常见形式

来源：http://www.mz186.com/play/mei/1455.html

努力读书光宗耀祖。石楣杆一般为呈圆锥状石柱，有三至四节。根据考取功名的不同，分为文杆和武杆，文杆第一节为一支石笔，武杆一般为一些兵器造型，如石枪头、石刀等。第二节柱体常雕刻有"双龙盘柱""鱼跃龙门"等吉祥图案，后面则用石头固定，石上刻有某人、某年、某科、中试第几名等记录文字。如果功名越大，则竖立的石楣杆越高，花饰也越繁复和精致。

3.5.3 彩描装饰

彩描也称壁画或者墙身画，指的是用颜料或墨汁直接绘制在经过处理的建筑墙面上描画图案，彩描是通行于闽粤地区的一种建筑装饰手法。一般广东民居建筑中的彩描工艺分为以下几个步骤[①]：首先将所需要装饰的部位淋湿，以掺有禾秆或糯米并且经过长时间浸泡的石灰作底，以增强画与墙面的黏结力，底子的薄厚根据需要来把握；其次是在底子上用纸筋灰批面、找平，要求表面细腻平滑，力求做到洁白如纸；然后用灰膏条或其他材料画轮廓起稿；最后是染色，模仿国画中工笔画的作画法，达到线条流畅、色彩和谐的效果。彩描的工具与国画用具基本相同，包括各种钢制或者木制的灰匙以及各种毛笔。绘制色彩为了达到着色牢固不易变色的效果，所用的颜料多选用矿石染料，如红丹、土黄、石绿、银朱等磨粉再用胶水调制而成。

彩描的构图非常讲究，图画四周都有画框，民间称为"盘子"，画框通常以宽边墨线直接绘制而成，或者采用抽象的规律性花纹，强调对称和连续的完整性。客家围龙屋中常见的彩描内容丰富，形式多样，多见中国传统装饰工艺中的吉祥图案，按类别可以分为动物类的，像龙纹、鲤鱼、凤凰、狮子、仙鹤、蝙蝠、金鱼、喜鹊等；植物类的，像牡丹、梅花、竹子、菊草、莲花、各色果实等；器物类的，比如花瓶寓意平平安安、八卦图、八仙手中的八个宝器也叫暗八仙等；另外还有一些绘制山水风景的彩描作品（图3-23、图3-24）。

彩描装饰的抗腐蚀性较差，室外露天部位较少使用，多用在外檐下或室内的墙面上面，尽管在绘制彩描过程中已经做了一定的防腐处理，但是由于客家地区雨水较多，空气湿度大，调研中的许多围龙屋彩描图案会受到渗水和长时间图案灰底脱落的损害。所以在以前，围龙屋一般每隔数十年就会进行一次比较多大的维修，每次维修彩描都会重新绘制，现存的围龙屋内彩描图案大都是清晚期或者民国年间的作品，在这一点上，围龙中的彩描作品不像木构件和石构件具有稳定性，彩描装饰的艺术风格较能反映出各个时期的时代特点。

---

① 陆琦. 广东民居[M]. 北京：中国建筑工业出版社，2008：239.

图3-23 建筑上的彩描装饰

图3-24 建筑墙面上的彩描装饰

3.5.4 装饰特点

由于地理环境、建造年代、家族财力的不同，各座围龙屋的规模不尽相同、装饰也繁简不一，但是总体来看，还具有一定的共性特点。

首先是装饰风格中多以谐音来表达被象征的吉祥内容，这是中国传统吉祥文化最普遍的一种表达方法，传统民俗美学把抽象概念具象化的特点，使抽象概念通俗易懂、便于流畅。比如装饰绘画上多选用蝙蝠、梅花鹿、绶带鸟这三种动物取音代表"福""禄""寿"的吉祥寓意、造型上选用瓶子的造型寓意平平安安。还有的是用几种动植物组合起来表达祝福寓意的，比如一只猴骑着一匹马，寓意"马上封侯"，鹭鸶、莲花、芦苇等组合成"一路连科"，寓意科考连捷、仕途顺畅等。这种装饰题材并不追求对自然形态的逼真描写，大都借用谐音、比拟、借喻等手段来表达主题思想和表现内容，这种建筑装饰手法，既体现出客家人祈福纳吉、驱灾辟邪的心理诉求，也体现了客家人向往的吉祥图案与中华民族的传统吉祥图案一脉相承、客家文化与中原地区传统文化之间所具有的特定联系。

其次是装饰多集中在位于建筑中轴线的堂屋和建筑外立面上，尤其是在围龙屋的上堂屋和祖龛处，两侧的横屋和围屋装饰较少。这是因为客家人崇尚俭朴持家，生活空间如卧室几乎就是满足使用功能即可，并无过多装饰，堂屋作为宗族的公共活空间才有较多装饰，而上堂屋属于围龙屋的核心位置，在家族成员心目中是最为重要的场所，家族通常会尽最大的财力物力，并聘请当地技术较好、工艺水平较高的工匠来承担施工，显示出对祖先的敬奉。而围龙屋的外立面装饰较多，是因为外立面装饰的华美程度就如同围楼的高大雄伟一般也反映出营建者的身份地位和财富实力。

最后是随着年代的推移，装饰手法越来越多样，内容也越来越丰富，建筑上的石雕木雕也越来越精美。而由于清末民初大批粤东客家人漂洋过海出国务工谋生，在国外积累财富以后带回国内，也将国外的一些建筑装饰手段应用在围龙屋上，比如罗马柱作为装饰构件出现在部分民国修建的围龙屋上。

本章小结

本章先介绍了围龙屋和土楼两种客家民居的不同，之后阐述了客家围龙屋民居产生、演变的过程，围龙屋的基本形制、结构、组成和建造方法，探讨了围龙屋各个部分的功能。然后对客家围龙屋内部装饰手法进行了归纳和总结。本章从内部实体的角度分析了围龙屋建筑价值。

第**4**章

围龙屋建筑文化
内涵研究

建筑，是人们为了满足自身生存需要、适应自然环境而做出改造的结果。随时间的推移，建筑在满足居住、防御等基本功能之外，需要去"表达意识形态的东西，一种世界观和特定的精神物质"①。阿摩斯·拉普卜特（Amos Rappoport）甚至觉得建筑的精神文化层面的意义更为重要，他认为人们需要通过"建筑对物质环境的控制，来实现内心的社会和宗教环境——那是一个文化意义上的理想家园"②。现实生活中，我们也能发现建筑超越于物质形态以外的意义。这种文化精神方面的意义是以建筑现实存在的形式作为载体，比如以前人们通常以罗盘和风水理论来确定大门的朝向和房间布置，比如古代宅院的开间数、大门上的铆钉数有着严格的要求等。建筑文化是人类文明长河中产生的一大物质内容和地域文化特色的靓丽风景，是人类生活与自然环境不断作用的产物。在不同的时代，建筑文化内涵和风格是不一样的；在不同的地域，建筑文化也完全不同。这种表现形式所代表的文化内涵，需要我们在哲学、历史学、社会学等相关学科的视角之下去理解和研究。

4.1 中国古建筑堪舆文化的演变

随着人类社会的发展，人们对自然环境的认识不断加深，需要更合理地选择生活区域来构筑建筑。因为对自然认知的局限性，古人在结合经验的基础上寻求某种超现实的理论来解释一些现象和赋予其意义，由此慢慢地衍生出了"堪舆"术。堪舆也称风水，是指"古代人们选择建筑地点时，对气候、地质、地貌、生态、景观等各种环境因素进行综合评判，以及建筑营造中的布局、某些技术的运用和种种禁忌的总概括，简单说是人们对生前居住环境和身后墓葬环境的选择和处理"③。在自然科学兴起之前的古代，风水术盛行于全国各地，成了左右人们衣食住行的一个很重要因素。

4.1.1 早期相地之术

很难准确定义堪舆学形成的年代，因为从人类早期朴素的选地活动发展到相对成熟的相地术是经过了很长时间的，而且也很难用准确的定义把二者严格区分来讨论。根据现有的资料推测，原始社会时期的聚落营建，已经懂得了一定的相地之法。氏族部落生活以渔猎和采集食物为主，逐水草而居，过着动荡不定的游牧生活。考古发现距今六七千年的仰韶文化时期，人们已经掌握了种植技术，开始了以

---

① 卡斯腾·哈里斯. 建筑的伦理功能[M]. 申嘉，陈朝晖 译. 北京：华夏出版社，2001：90.

② 阿摩斯·拉普卜特. 宅形与文化[M]. 常青，徐菁，李颖春等译. 北京：中国建筑工业出版社，2007：59.

③ 程建军. 风水与建筑[M]. 北京：中央编译出版社，2010：3.

农耕为主的聚居生活模式，由此产生了择地的需求。由发现的仰韶文化时期的氏族村落遗址可以看出，当时的人们已经会选择位于河流两岸的黄土高地上，而且更喜欢选择居住在河流转弯和两河交汇的地方，因为这些地点水源流速较为缓慢，不仅方便取水和免受洪水侵袭，而且还适于种植、养殖、狩猎和捕鱼等生产活动。西安半坡村仰韶文化遗址就是比较好的例子，整个遗址区域总面积为1万多平方米，分为居住区、制陶生产区和墓葬区三部分，村落遗址坐落在一块面河的凸地上面，南靠适合狩猎的白鹿原。在居住区发掘古代房屋遗址46座，说明当时已经具备一定的建筑水平，并且人们为了生存都比较重视聚落的选址。

早在公元前十几世纪的商代，便有了文字记载的相地之法。由于自然科学知识的匮乏，当时的人们迷信鬼神，遇到大事需决断的时候往往要经过占卜仪式来判断是否可以为之。占卜的方法是在龟甲或者动物骨骸上用工具进行钻凿，然后用火灼烧钻凿的槽痕，观察由此而产生的裂纹，看这种裂纹的形状和走向来判断是否进行某事或者求问吉凶，最后把结果刻在甲骨上，称为卜辞。这也是中国最早文字甲骨文的由来。对于甲骨文的研究表明，其中有大量如作邑、作寨、作宗庙等关于建筑的卜辞。作邑就是筑城，如"己卯卜，争贞：王作邑，帝若，我从，兹唐。庚午卜，丙贞：王勿作邑在兹，帝若？庚午卜，丙贞：王作邑，帝若？八月。贞：王作邑，帝若？八月。"文中"争""丙"为占卜者的名，"贞"义为问；"若"为顺，表示允许。以上卜辞，均为殷王要修建城邑，卜问于上帝以定吉凶之辞。"我从，兹唐"，为顺从上天之意愿，在唐这个地方修建城邑。修建城邑乃国家之大事，因此必须反复卜问择地的地点。这便是通过占卜发来决定建筑城池的地方是否合适的"居"或"卜地"了。《商书·盘庚》所记载的商王盘庚都于殷的训话中有："天其永我命于兹新邑"，是说上天受命我们在此修建城池，永远昌盛。表面上看商人迁都和作邑是根据占卜询问神鬼意志决定的，但是从实际上看，商人的几次大的迁都作邑行为，根本原因还是政治经济因素，如部落战争、地理气候、水草资源及自然灾害等因素决定的。[①]甲骨卜辞中的反复卜问也说明，其实占卜不是决定性因素，这便是早期的相地之道。由此也可以看出，远在殷商时期，智慧的先人们对房屋坐落的方向，以及周围的居住环境，都曾留心考察。对于国家的都城，更是慎重。须由王公贵族携术士前往相地卜居，然后作邑筑城，绝不会随便找个地方就进行营建。在有关相地营邑的早期文献记载中，虽然其卜地过程流露出对鬼神上天的畏惧与顺从，但实际上在选择时却往往偏重于地理资源的勘察，并非完全以占卜吉凶而定。至于普通百姓，相地的取舍则更是以方便生计的功利性作为准则。

4.1.2　秦汉时期成熟的风水术

春秋战国时期，中国古代天文学、地理学等自然学科有了长足的进步。在社会学方面，哲学思想特别活跃，学术气氛相当浓厚，阴阳、八卦、五行、元气诸学说方兴未艾，形成了百家争鸣的局面。同一时期，战国七雄争霸，封建割据，竞相筑城，从而掀起了城邑建设的高潮。其间出现了《考工记》《管子》《周礼》等著作，总结了城邑建筑的经验，制定并提出了建国建都的规制，以及城邑的选址理论，这些成果为风水理论的发展奠定了理论与实践基础。

在史籍资料中，有许多是这一时期堪舆家的故事。比如《史记》中有关于战国秦惠王的弟弟樗（音chū）里子的记载，据说他死后葬于淮南章台之东，这个地方是其生前就选定的，而且樗里子曾说："后百岁，是当有天子夹我墓。"到汉朝，修建宫殿选址的结果果然是"长乐宫在其东，未央宫在其西，武库正当其墓"。后人认为，樗里子所相定的坟墓，已经计划在以后修建的帝王宫殿之间，这样的布局可以造福子孙后代。用地理科学的视角去分析，如果这件事真存在，那应该也是其所选定的基址较好，受到后世宫殿规划和选址者的青睐而已。不过这个故事也说明，在当时已经十分重视修筑宫殿的地理形势。这个故事经口口相传，使得后世地理家奉樗里子为相地术的正宗，由此他便成为地理家的祖师爷。

到了汉代，风水术和"黄道"发生了密切的关系。黄道是指太阳一年在天球上的移动路线，黄道和赤道面相交于春分点和秋分点，由此可以确定四时季节。后来，黄道与占卜吉凶宜忌结合产生了黄历。这一时期，许多文人参与到有关风水的著书立说当中，出现了一批专著，像《堪舆金匮》《图宅术》《宫宅地形》《神农教田相土耕种》等。根据华南理工大学博士生导师程建军教授的研究推测，除了《神农教田相土耕种》可能有一些农业生产经验以外，其他都是迷信成分很大的术数书。《汉书·艺文志》中的《堪舆金匮》有14卷，可能主要讲与《图宅术》相似的相宅内容；《宫宅地形》有20卷，可能是关于宅邑相地的著述。这两本可惜已经失传了，它们可能是后世风水"理法"和"形法"理论分野的最早论著。[①]梁启超先生也认为风水始于东汉，并且迷信的成分居多，在其《中国学术思想变迁之大势》中写道："自西京儒者，翼奉、睦孟、胡向、匡衡、龚胜之徒，既以盛说五行，夸言谶纬，及光武好之，其流愈甚。东京儒者，张衡、郎𫖮，最称名家，襄楷、蔡邕、杨厚等，亦斑斑焉。于是所谓风角、遁甲、七政、元气、六日、七分、逢占、日者、梃专、须史、孤虚、云气诸术，盛行于时。后汉书方术列传所载者三十三

① 程建军. 风水与建筑[M]. 北京：中央编译出版社，2010：12.

人，皆此类也。然其术至三国而大显，始俨然有势力于社会，若费长房、于吉、管辂、左慈辈，其尤著者也。……而嵇康亦有难宅无吉凶摄生论，则其时风水之盛行可知。"从行文中的"某某之徒""夸言谶纬"可以看出先生对于风水术中的迷信成分颇有轻视之心。

由以上大概可以判断，从秦汉开始，风水术在地理学进步的同时，发展了先秦相地术中的迷信成分，到了汉代又加入天文学等其他内容，原本朴素的相地术因迷信成分加重而步入歧途，形成了相对成熟的理论体系。由此导致了许多带有迷信色彩的建筑文化产生，比如认为坟墓营造的好坏关系到子孙后代的前途，一反战国以前"墓而不坟"的殡葬制度，开始大肆修坟造墓，把营建房屋和室内设置与天象结合起来，总结出带有迷信色彩的忌讳等。

4.1.3 融合了宗教的民间信仰

在魏晋南北朝至隋唐这一阶段，是南北文化和外来文化相互影响融合的时期。南北朝玄学的兴盛和山水美学的发展，把风水学又向前推进了一步。晋人郭璞的《葬经》、南北朝王征的《黄帝宅经》（图4-1）等都是风水学中比较重要的著作。到了唐代，由于佛教的广泛传播，佛教教义中轮回转世、因果报应等思想与风水术中吉凶占卜的观念结合起来，使得行善积德、善恶有报等思想深入人心。唐朝统治者除了大力弘扬佛教以外，也十分推崇道教。道教是我国土生土长的宗教，它起源于民间鬼神信仰，结合中国古代社会天人合一、道家等思想而形成。殷商时代的鬼神崇拜、战国时期的神仙信仰和东汉黄老道的精

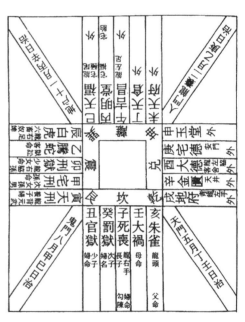

图4-1 《黄帝宅经》中的阳宅图

来源：程建军. 风水与建筑[M]. 北京：中央编译出版社，2010：14.

气学说是道教神学理论的思想源泉。[1]道教所崇奉的天神、仙人，都是历代相传而来，道教乐生、重生、期望"得道"成仙而长生不死，同自然一体，与天地共存。因为道教来源于民间，所以其包含大量民间世俗的内容，包括画符招魂，刻符镇宅

---

① 程建军. 风水与建筑[M]. 北京：中央编译出版社，2010：15.

等，并且有神秘的符咒和仪式规范。这种神仙方术和鬼神观念被风水术士所学习，使得风水术的迷信成分进一步加深。

这一时期著名风水学家杨筠松[①]的思想，对于后世影响很大，杨筠松为江西派的开山祖师，据传说他自宫中带出了堪舆秘籍，在江西赣州一带收徒传艺。他的风水理论形法理法并重，以山脉、河流的走向、形状、数量等自然环境为基础，观察建筑周围的山水地势。从我们的田野调查来看，粤东北的客家人信奉杨筠松为风水先师，在许多围龙屋的堂内都设有杨氏及其弟子的"先公神位"。

唐代中叶以后，风水学的专业知识表现出专业化，出现了众多的专营风水学的人。总的来说，这一时期的风水学特点就是墓葬阴宅的选择越来越受到重视。风水著作也是多以"葬经"命名，内容与阴宅墓葬有关。除了继承阴阳五行和天人感应诸法以外，还十分重视审看山川河流的形势，讲究宫宅墓穴的朝向方位、排列位置等。从已经发掘的唐代墓葬来看，当时的墓穴形制、墓区建筑与埋葬习俗多是根据当时风水师所定下的规制实施的。

4.1.4　后期的进一步发展

宋以后，程朱理学、王阳明心学成为主流哲学思想，再加上指南针罗盘的广泛应用，使得风水学的内容更加繁杂与充实。宋代编纂《册府元龟》中的《明地理篇》，其内容是相宅相墓的方法，可见此时已经把相宅相墓作为地理学来研究。当时许多人都认为按风水之说来布置，可以发家致富、庇佑子孙后代，此时已经产生了为人看风水的阴阳先生，并且开门收徒、各有师承。

明清时期受理学、心学的影响，各流派之间大多摒弃固守门户之见，采用八卦方位以及阴阳五行相生相克的原理，定出了堪舆九星及其吉凶，以及一系列吉凶的专属名词，形成了以四吉四凶确定建筑房、门、床、灶台方位的办法和理论体系。与此同时，对山川河流地形的勘察仍然受到风水学的重视，时常有以"地理"命名的堪舆著作问世，如萧克的《地理正宗》、徐善继的《地理人子须知》、叶九升的《地理大成》等。《清史稿》著录的风水书卷达到220卷之多，可见当时风水术的流行，也由于印刷类书籍的流传，使得风水理论趋向公开化、正规化和合理化。而且皇权的交替，按照风水理论大兴土木规划宫殿、寻求宝地兴建陵区，使得风水地理的运用达到了顶峰。在民间，虽然有很大一部分风水术士靠着玩弄阴阳术数把戏，

---

① 杨筠松（公元834—900年），俗名杨救贫，名益，字叔茂，号筠松，唐代窦州人，著名风水宗师。杨筠松为唐僖宗朝国师，官至金紫光禄大夫，掌灵台地理事，为唐朝著名地理风水学家。名益，别号亦玄。著《疑龙经》《撼龙经》《一粒粟》《天玉经》《都天宝照经》《天元乌兔经》。因为其用地理风水术行走于世，传言使贫者致富，所以世人称其为"救贫"先生，后人由此也称其为"杨救贫"。

花言巧语地骗取钱财，但是依然有风水师是有真才实学的人。他们作为环境规划师，从事住宅地基的选择和朝向的定位，他们善于观察自然界环境，分析山脉、河流、树木、风向、气流等各种因素，研究昆虫、动物的习性，甚至是土壤的湿润程度等，从这些收集的资料中推断出何处是适宜的人居环境。

正是由于有了这种对于自然的思考，在民间产生了大批具有中国独特建筑文化特色的建筑，广东梅县客家的围龙屋便是这种特色建筑的典型代表。也正是因为当地客家人的风水信仰，才孕育出了围龙屋民居独特的建筑样式和建筑结构。

4.2 客家人的风水传统

客家族群聚落在偏远的粤东山区，这里山地和丘陵占据了大约80%的土地，客家族群的生存环境远不如广府族群所聚居的珠江三角洲，也远不如潮汕族群聚居的韩江三角洲以及沿海地带。不过客家生活地区距离江西很近，较容易接触到江西派风水理论。而且聚居区内群山连绵，地理环境隐秘，使得风水中的某些观念有了形象的依托，再加上期望获得庇佑、避免灾害等朴素愿望的影响，使风水信仰在当地广泛传播。

4.2.1 江西风水文化的影响

正如上文总结的那样，风水术发展到了宋代，是相对成熟的一个时期，其原因大致有两点，一是风水术受到理学思想的发展影响、借鉴理学体系，这为其提供了理论基础；二是科技进步比如对于天象的认识、罗盘的广泛应用等，为风水术提供了手段方法。南宋时期是客家民系形成后南下的时期，许多客家文化的研究学者都认为风水术是在这一时期随着客家先民南下传入客家地区，代表人物就是我们上文提到的杨筠松。他南下到达赣州定居，从事风水之术，收徒传道，著书立说，其著有《疑龙经》《撼龙经》《葬法十二书》《青囊奥语》等风水论著。[①]《撼龙经》记述山龙脉络，眼光阔大、气势非凡，书中先论述辨认"龙脉"的方法，然后根据星峰形状的不同，将其分为贪狼、巨门、禄存、文曲、廉贞、武曲、破军、左辅、右弼、北辰共十种山形进行论述。《疑龙经》分上、中、下三篇：上篇讲干中寻枝，用宏观的眼光介绍全国的水系干枝，然后讲解了如何寻找正龙、如何寻穴、如何识别干枝龙、如何顺着水源找到穴场；中篇侧重谈捉穴之法，主要是看面背朝迎；下篇则专门讲结穴的形势，穴的高低左右必须与龙配合等。经过他和徒弟的努力，江西派的风水理论和实践传播开来，在闽粤赣地区影响甚为广泛。

---

① 吴卫光. 围龙屋建筑形态的图像学研究[M]. 北京：中国建筑工业出版社，2010：104.

4.2.2　杨公先师的信仰崇拜

一般认为，粤东客家地区的风水理论和方法源自江西的形法派体系，重要原因是宋末蒙古人南侵，迫使赣南和闽西的客家人大规模迁往粤东和粤北[①]，也将江西派的风水文化传入附近地区。

杨筠松晚年与入室弟子曾文辿、廖瑀卜居住在江西兴国梅窑洞，杨将青囊[②]授予曾、廖两徒弟作为传家宝。因三人各住一寮，故称为三寮[③]。三寮从此成为风水形法派的发源地，在客家人的心目中，他们把三寮誉为"堪舆文化的发祥地""中国风水第一村"。在客家地区，人们对于杨公先师的信仰是普遍存在的，并且口口相传其事迹，但是杨筠松作为历史人物，在史料中的记载是有争议的。《四库全书·总目提要》中关于杨筠松的记载是："筠松不见于史传，惟术家相传，以为筠松名益，窦州人，掌灵台地理，官至金紫光禄大夫。广明中，遇黄巢犯阙，窃禁中玉函秘术以逃，后往来于虔州。无稽之谈，盖不足信也。"但是在《江西通志》里记载说："筠松，窦州人，僖宗朝国师，官至金紫光禄大夫，掌灵台地理事。黄巢破京城，乃断发入昆仑山步龙。一过虔州，以地理术行于世，称救贫仙人是也。卒于虔，葬雩州药口。"[④]虽然在文献上对杨公的描述有不同的声音，但是在粤东的客家地区杨筠松作为风水学先师受到广泛供奉，是不争的事实（图4-2）。

在现存的围龙屋当中，有很多围龙屋的堂内供奉着杨公先师的神位。通常有一个容器泥土，可以是盆或者香炉，然后将"杨公柱"插入其中。在杨公柱上画有灵符，趋避凶神、保佑祖堂。这种习惯来自建造围屋的传统，粤东客家人在建造围屋之前先要寻找围龙屋的地点，以龙、穴、砂、水论理地势和水流，再用罗盘度定方向，最后确定出建筑的龙穴所在，进而确定建筑的方位。然后，需要先搭一个凉棚作为临时祭祀的地点，内设杨公墩，将杨公柱插在上面。在整个建造过程中，参与施工的人每天早晚都要举行祭拜仪式，拜请先师保佑匠师和屋主的安全。围龙屋成功完成之后，由风水师择日举行谢符仪式，将杨公符移入屋中供奉祭拜。"杨公先师神位"一般设置于上堂屋祖龛后面，有的外面会以红布包裹，求吉避凶。

① 罗勇. 客家与风水术[J]. 客家研究辑刊，1997（2）.

② 青囊本指古代筮人装书的布袋子，故借喻卜筮。后世风水术士有《九天玄女青囊海角经》，故风水术、相地术也称为青囊术。

③ 刘晓春. 三寮村风水文化考察[J]. 寻根，2006（2）.

④ 程建军. 风水与建筑[M]. 北京：中央编译出版社，2010：23.

图4-2　广东梅县南口镇侨乡村兰馨堂上堂屋中供奉的杨公先师神位

4.2.3　客家风水信仰根源

现存的客家围屋中，几乎每一座都有一个关于风水内容的传说，因为客家人笃信族群聚落的方式、建筑的选址、朝向、内部空间结构决定了宗族能否兴旺的先决条件。程建军教授认为风水主要是指古代人们选择建筑地点的时候对于气候、地址、生态、景观等各种建筑环境因素综合评判，以及建筑营造中的某种技术和禁忌的总概括。也就是说，如果我们将风水理解为族群发展的过程中寻求最理想的聚落方式和建筑建设的理想环境，那么我们就比较容易理解客家人对风水术信仰的缘由了。

首先是满足生存需要。通过风水术来寻求农业生产用地。客家生活区域地处闽粤赣三省交界的山区，陆路水路交通都不算发达，丘陵绵延、山重叠嶂、河流交错，可以说是"八山一水一分田"。族群生存在这样的地形地貌当中，首要解决的是耕种问题。如此的地理环境，结合风水术士伦理山形地貌，指点龙、穴、砂、水，可以寻求盆地，或者河流冲积平原用于农作物生长。这就解决了在山区和小盆地构成的地势中，农耕经济的基本需求，人们也可以通过风水祈求自然界的丰厚回馈。

其次是安全的需要。山地周边易发山洪和山体滑坡，生活在岭南的山区，就要应对自然灾害的挑战。风水术讲究山脉走势，再加上长期经验积累和总结，风水术士便略通晓一些地理科学知识，可以勘察出哪里适合生活，哪里容易发生地质灾害。运用风水理论寻找安全稳定的生活区域是山区人们的诉求，也促成了风水信仰的流传。

再次，有情感诉求的原因。在彼时，维系人们社会关系的纽带是宗族，风水理论中宅地关系到宗族的兴衰和人丁的多寡。田野调研中遇到许多几乎荒废的围龙屋，谈及原因，附近村民普遍归咎于风水不好。通常所说的"宅地"包括了阴宅和阳宅两个层面。民间相信选择一个山水地势较好的阴宅可以让逝者更好地安息，而寻求一个好的阳宅是因为他们相信吉祥的宅院可以使男丁兴旺，因为农业生产需要大量的劳动力。这两种需求，使得客家人寄托于风水术来祈求一个好的宅地，保佑家族人丁兴旺、宗族内更具有凝聚力。

最后，从客家社会的发展来看，人们希望通过一些如风水术这样的超现实办法来实现自我的诉求。以求科举为例，如同我们在第二章论述的结果一样，客家人在"下南洋"之前，较少离开家外出经商，在面对较为恶劣的自然环境当中，再加上"耕读传家""学而优则仕"等传统价值观的影响，要实现自我价值，似乎只有苦读通过科举求金榜题名一条路。那么，作为粤东北一个教育资源和信息都不算发达的小山区，要想达到考取功名这样的目标，除了自身发愤努力以外，就希望能借助一些超现实的手段来帮助自己实现目标，这是当时社会发展所决定的。

总的来说，风水术在处理人与自然和谐相处的过程中，有一定地理学意义上的价值。不过大部分风水师所担负的工作是为了人们实现自身能力所无法实现的事情，人们寄希望于通过风水来控制和把握一般生产和生活技能所不可及的事。目标越大，自身越是无法实现，越把希望寄托在超现实的手段上。风水师往往会通过具有形式感的仪式来表达，比如围龙屋建造开工和竣工后的仪式、墓地迁徙的仪式、各种祭祀活动等。因为民众相信只要能实现适应生存、获取安全、健康的生活环境，以及实现自我发展等目的，一切超越现实的方法都可以使用，这便是风水术能在客家地区广为流传的根本原因。

4.3 围龙屋的建筑意象

意象，是客观物象经过创作主体独特的情感活动而创造出来的一种形象表达。根据说文解字来说，意象是意思的形象。在早期，《周易·系辞》已有"观物取象""立象以尽意"之说。不过，《周易》之象是卦象，表现为阳爻和阴爻两种组合符号，这两种符号组合成六十四卦，原本是用来记录天地万物及其变化规律的，后来发展到历史、哲学范畴。我们这里讨论的建筑意象，是指客家的传统文化、价值观、世界观等思想观念在围龙屋这种独特的民居建筑上的体现。

4.3.1 从寻址开始

有关围龙屋的文化特色表现是从寻址开始的。寻址，也就是寻找建筑的建造地点，需要考察的因素包括山势、水源、土质、周围植物等。根据《法天象地》[①]中表述，寻址有三个条件：一是某地比其他地点更有利于建造宅地；二是按照风水原则考察获得吉祥地点；三是生活在这里的人们的子孙后世都会受到这个地点的影响（图4-3）。

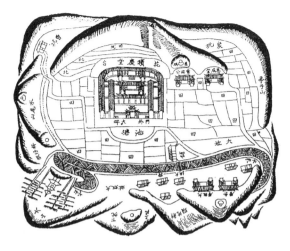

图4-3 客家风水图谱：豫章罗氏族谱积庆堂图

来源：吴卫光.围龙屋建筑形态的图像学研究[M].北京：中国建筑工业出版社，2010：106.

江西形法派的风水术核心就是观察村落或者建筑所处的山川形势，如山系在何处起、又止于何处，水的源头和流向等。因此寻址相地的第一步就是要寻"龙脉"，所说的"龙"就是山脉，山的形态和走势。[②]客家人笃信"山主子孙、水主财"，就是说山势的好坏影响着家族人丁的兴旺，水势的优劣决定着是否能发财。好的山脉可以储聚吉祥，藏风得水。说到水，也就是看周围河流的源头、流向和走势。观水在风水学中有着重要的意义，有风水师把水称为龙的血脉，水也构成了风水景观系统的基础。实际上水的重要性在于水是人们生产生活中必不可少的因素，如同我们在第三章讨论的那样，如果选址周边缺少水源，那么围龙屋的前部会挖出一个半圆形的水塘作为风水补充。其实，完整结构的围龙屋屋前都必有一个半月形水塘，在平时可以满足人们洗衣、灌溉的需要，也可以养殖水产、提供食物，紧急时刻还能灭火救灾，足见水的重要性（图4-4）。

好风水的围龙屋应该修建在背山面水、山势缓慢向下的坡地位置（图4-5）。按照风水中的要求，围龙屋后的山势最好高大、连续、不间断，而且植被要茂盛些。这样才有利于"龙脉"穿过龙厅，聚气于屋内，为屋主带来祥瑞和庇佑。

客家人在山区建宅，除了屋后的靠山，建筑的左右最好还有小山环抱作为护卫，左边称为龙砂，右边称作虎砂，形成背山面水左右环抱的局面。流水在前，靠

---

① 于希贤. 法天象地[M]. 北京：中国电影出版社，2006：1.

② 吴庆洲. 中国客家建筑文化[M]. 湖北：湖北教育出版社，2008：43.

图4-4　围龙屋与周边山水的位置关系

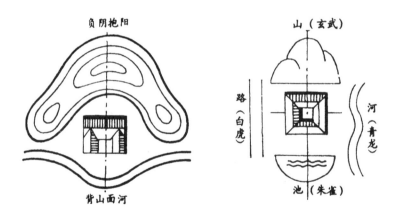

图4-5　理想的风水宝地示意图

来源：程建军. 风水与建筑 [M]. 北京：中央编译出版社，2010：44.

山在后，左右有小山护卫，从这种山环水抱的环境中选择地势平坦，最好有一定坡度以利于排水的开阔之地建屋，便是极好的选择。

4.3.2　定朝向

确定好选址以后，便开始着手建造围龙屋。针对建筑本身，最先需要确定的是围龙屋的朝向，民间称之为"向法"。按照长时间积累经验所形成的习惯，建筑物的朝向应该是坐北向南，这种习惯的产生主要是因为我们地处北半球，需要更多地获取日照，并且这样的朝向也可以在冬季避免北风吹袭。但是，虽然坐北朝南、负阴抱阳是最理想的位置，我们还是在田野勘察中发现，许多围龙屋并不是这样做的，比如梅县松口建于明代的世德堂与建于清代的源远楼，两座建筑均为李氏家族所有，两座建筑一前一后、朝向相反、互为背靠，而且都不是坐北向南。

围龙屋的向法，一般由风水师决定。风水师会依据选址周边的自然地形地貌、水流的方向、周围村民聚落的格局，以及房屋所有者的生辰八字等各种因素来综合

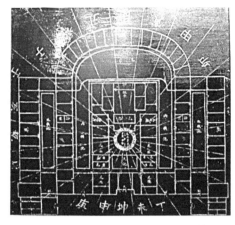

图4-6 用来度定围龙屋朝向的八卦图
注：该刻画有围龙屋定位草图的石板现藏于中国客家博物馆

决定，很多围龙屋的朝向还以八卦或者五行阴阳来度定，因此在实践中可以看到各种朝向的围龙屋（图4-6）。

利用八卦来选定围龙屋的方位和朝向，是客家地区风水术应用的方法之一。八卦，相传伏羲氏在天水卦台山创制。八卦表示事物自身变化的阴阳系统，用符号按照大自然的阴阳变化平行组合，组成八种不同形式。《易纬》中有："卦者，挂也，言悬挂物象以示人，故谓之卦。"八卦象征天、地、雷、山、火、水、泽、风八种自然现象，八卦之两卦，两两相叠又形成六十四卦，表示自然现象和社会现象的发展变化。[1] 围龙屋兴建过程中使用八卦来度定方位，说明其过程有着严格的风水理论指导，也可以看出风水师在建造过程中的决定性作用。

4.3.3 围龙屋的风水意识中心——"龙穴"

客家围龙屋的建设，从选址开始寻觅龙脉，以期望将建筑建在背山面水、山怀水抱之处，最后选定的位置，便是"龙穴"。"龙穴"可以说是整个围龙建筑的中心，围龙屋内的围龙、化胎、堂屋、横屋等围龙屋的基本构成要素都围绕着"龙穴"展开，由此形成围龙屋建筑特色的基本形制，是一个完整的自我体系。

程建军将中国传统的风水文化与现代环境科学理论相结合，认为堪舆就是要将中国的诸山山系作为祖山昆仑山的支脉，"若要探寻龙脉之来源，先必洞悉以上诸山之支派，依此认龙，按图索骥"。他还认为龙脉包含着山脉和水系，所谓风水宝地，理想的环境模式是背山面水、左右护围的格局，建筑基址背后有座山"来

① 吴卫光. 围龙屋建筑形态的图像学研究[M]. 北京：中国建筑工业出版社，2010：107.

龙"，其北有绵延的高山群峰为屏障，两旁有低岭近丘环抱围护，前有池塘或者河流婉转经过，水前又有远山对景作为呼应。[①] 由山势龙脉引入而来的龙气聚集之地，便是"龙穴"，房屋又以围抱龙穴而建，围龙屋因此得名。龙穴位于化胎和上堂屋之间的位置，由于化胎成球面凸起，在化胎终止处与堂屋之间形成一个断坎。断坎的下面、正对祖堂的后门，这里贴着地面砌有一排共五块石头，石头的形状各不相同，分别代表金木水火土五方神龙，也叫五行石或者风水石。

图4-7　五行相生相克理论

将五行作为一种符号的方式出现在民居的建筑中，是客家围龙屋独特的标志。中国古代很多城市、庙宇、村落、民宅的规划都建立在阴阳、五行等理论基础之上，将天、地、人看作是一个内在的宇宙之间的循环系统，中国朴素的唯物主义哲学思想认为，水、火、木、金、土这五种基本元素构成了大千世界的万物（图4-7）。[②]

《尚书·洪范》对于五行有这样的表述："五行：一曰水，二曰火，三曰木，四曰金，五曰土。水曰润下，火曰炎上，木曰曲直，金曰从革，土爰稼穑。润下作咸，炎上作苦，曲直作酸，从革作辛，稼穑作甘。"这里不仅为五行进行了排序，而且还明确了五行的属性和功能。"行"是运行、运转、生生不息的意思。五行学说的重点不是五种物质属性，而是他们之间的相互关系，是五种物质的关系、运动、变化。五行之间的原理是相生相克，这意味着任何两种元素之间都无法回避生克的关系，并且这种关系是唯一的（图4-8）。

五行学说成为古代思想家经常使用的概念，他们试图把自然现象和社会现象与五行进行对应联系，以说明世界是一个有序的、统一的整体。这种肯定五行作为世界的基础、万物之间相互联系的哲学思想，对当时的人们认识房屋、建筑有着重要的影响，最为突出的表现就是把建筑作为内部包含五行元素的整体来看待。具体到围龙屋来说，五行石不仅因其代表着围龙屋内部的五行观念而成为人

① 程建军，孔尚朴. 风水与建筑[M]. 南昌：江西科学技术出版社，1992：22.

② 李约瑟. 中国古代科学思想史[M]. 陈立夫 主译. 南昌：江西人民出版社，1990：308.

广东梅县客家围龙屋建筑遗产及其评价研究

图4-8　梅县区南口镇侨乡村德庆堂中龙穴位置上的五行石

们供奉祭拜的神物，更是因为五行石是围龙屋外在龙神崇拜的一个组成部分。五行石放置在整个围龙屋的龙穴位置，在化胎之前、上堂屋之后。由之前形制的梳理可知，上堂屋供奉家族的前辈先祖，而且一般堂屋的后门是不关的，有些甚至没有门扉，供奉祖先的神牌恰好正对着由山势引入屋内的龙穴。客家人笃信山主子孙水主财，而龙穴的存在恰好与化胎的生殖崇拜连接在一起，也与祖堂的祖宗崇拜连接在一起，构成了围龙屋共同的超越现实的精神场所，由此便完成了从龙脉到人脉的连续，保佑家族血脉昌盛、子孙繁茂。自明清以来，客家地区大量建设围龙屋，伴随着风水术的流传，五行石作为一个形态造像受到普遍的供奉，虽然从目前田野调查的资料来看，有些围龙屋没有在龙穴位上安置五行石（或者在历次整修过程中拆除），但是这种信仰崇拜却一直保存下来。在许多围龙屋的家族中，每年除夕的时候，族人们除了在上堂屋祭拜先人，也要在五方神龙位焚香烧纸，祈求保佑家族血脉繁荣昌盛。

4.3.4　围龙屋的化胎

化胎可以说是围龙屋这种客家民居有别于其他民居的重要标识，化胎在民间也有称为花胎、花头、胎土等。在标准形制的围龙屋中，化胎位于上堂屋的后面，围屋的前面，中间凸起向两边呈缓慢降低的曲面实体（图4-9）。随着山地自然的起伏，堂屋、化胎、围屋、风水林展现逐级升高的建筑形态，在满足便利排水的功能性以外，也蕴含着步步高升的寓意。

图4-9　围龙屋民居中的化胎

从民间对它的称呼上看，化胎注重的是"胎"，这是化胎的核心；从形态上看，它仿佛是女性孕期微微隆起的腹部，那么也就可以理解它的象征意义：化胎仿佛是一个母体将堂屋建筑包裹在怀中，向长眠于此的列祖列宗祈福，保佑族内后人能人丁兴旺。正是化胎形态与寓意的完美契合，展现早期人类的生殖崇拜又充满神秘意味，使得围龙屋成为独特造型的建筑形态。

客家人对化胎的崇拜是从对大地崇拜开始的，化胎的中轴线底部上的五行石，往往以金、木、水、火、土五行中的"土"居中排列。实际上土地崇拜是早期母系崇拜的延伸，它源自对于生殖的神秘理解。在我国古代，以圜丘代表大地，通过圆形或者椭圆形的土堆，象征大地、象征母亲、歌颂地母、赞扬女性生殖以求多产子孙、增加劳动力。用弧线的腹部形态来隐喻表达女性的形体，早期出土的文物中，就有许多象征母性弧腹形态器皿。[①]因此，女性崇拜往往与大地崇拜交织在一起。《说文解字》中提到："也，女阴也。"这就是说"也"曾经作为女子生殖器的形象，"土"与"也"的结合，便形成了"地"。这种对于大地的崇拜，延续到后期，便直接影响到了围龙屋的风水布局。所以可以肯定，土地崇拜隐喻的是女性生殖崇拜，围龙屋化胎崇拜本身也蕴含了女阴崇拜、母性崇拜、生殖崇拜的意识。围龙屋的化胎呈弧腹形态，象征大地母亲的子宫，化胎之上为围屋正中的龙间，化胎之下为龙穴五行石，其所在位置也正是建筑的风水穴龙脉所在。《青囊海角经》中描述："万里之山，各起祖宗，而见父母，胎息孕育，然后成形。是以认形取穴，明其父之所生，母之所养。天门必开，山水其来。地户必闭，山水其回。天门，水来处也。地户，水去处也……穴居其中，不居其旁……突中有窟，高处低也。窟中有突，低处高也。状如仰掌……"[②]其中的描写显然是建立在对女性生殖器形态的基础上。隐藏在女性崇拜背后更为根本的思想动机是生殖意识，在围龙屋的化胎上最形象地体现出由母性崇拜的生殖意识上升到生殖崇拜。那么关于围龙屋化胎另一个神秘又重要的概念是"胎息"。唐代卜应天撰写、清代孟浩注解的《雪心赋正解》中有这样的描述："体赋于人者，有百骸九窍；形著于地者，有万水千山……胎息孕育，神变化之无穷；生旺休囚，机运行而不息……胎指穴言，如妇人之怀胎……息，气也，子在胞中，呼吸之气从脐上通于母之鼻息……故曰胎息。孕者，气之聚，融结土肉之内，如妇人之怀孕也。育者，气之生动，分阴分阳，开口吐唇，如妇人之生产也……夫山之结穴为胎，有脉气为息，气之藏聚为孕，气之生动为育，

① 吴卫光. 围龙屋建筑形态的图像学研究[M]. 北京：中国建筑工业出版社，2010：140.
② 吴庆洲. 建筑哲理、意匠与文化[M]. 北京：中国建筑工业出版社，2005：56.

犹如妇人有胎、有息、能孕、能育。"① 以此来解释化胎的胎气是最为准确的了，这似乎就是专门用来描写围龙屋的化胎。按上面行文中的表述，胎息是一个动态运行的系统，饱含孕育生生不息的生命功能。正因如此，化胎应该是胎息旺盛的状态，客家人就选择使用如鹅卵石一般的石子密密麻麻地铺装在化胎表面，既是象征子孙后世千秋万代，也寄希望于小石子之间的缝隙可以让化胎内的龙气转化为胎息，由此便可以理解围龙屋中的化胎作为宗族生殖崇拜的具体象征的意义。

那么究其根源，在客家地区出现围龙屋化胎的生殖崇拜，主要有两方面因素：首先应该说生殖崇拜是生产和生活的需要，人类社会发展到农业社会，生产力的增加主要是依靠人口的增长，粤东北客家人的生活区域自然环境条件与珠江三角洲和沿海相比明显处于劣势，除了山间为数不多的平地可以开垦成耕地，进行水稻种植以外，几乎没有其他经济作物，而且山地中可耕用地分散，需要更多的劳动力分散进行生产，人口多便意味着劳动力增加，因此生产和生活的压力是宗族渴求后嗣繁茂的主要动力；其次便是对战斗力的需求，客家人的"客"字凸显了他们的身份定位是后来之人、作客之人，那么与山区原住居民也就不可避免对有限的生存空间如农田、水源、居住地等进行争夺，人口的增加、特别是男性成员的增加，便使得族群更有凝聚力和战斗力，在争斗中占据主动地位。客家山区生活艰苦，生产力水平低下，随时也要面对灾难和死亡，客家人意识到宗族人口的多寡不仅影响生产力的发展，也关系着族群的存亡，这种思想牢牢地印在客家人的潜意识里，进而表现在围龙屋的构成、装饰等外在形式上，围龙屋结构中体现的生殖崇拜意识，其实质是表达了生活在山区的客家人希望宗族可以延续、壮大和发展的祈求。

4.3.5 住宅与信仰空间融合

梅县围龙屋的另一个建筑特色是把建筑中的住宅空间和信仰空间组合到一起，表现为"宅祠合一"。客家聚居建筑内存在两套形制不同的系列空间：以祠堂为主体的，具有礼制信仰功能的建筑特征空间；以住屋为主体的，具有居住生活功能的建筑特征空间。② 围龙屋作为传统农业文明条件下产生的民居建筑，居住在其中的家庭、宗族形成了农本社会特有的血缘性结构和文化，居住在围龙屋的人们，他们的日常生活和交往建立在重办宗族伦理的血缘关系上，人与人之间虽然存在辈分和各方面的不平等，但是共同的生活场所使得他们的交往基本上是亲密无间的，就如同费孝通形容的那样："每个孩子都是在人家严重看着长大的，在孩子眼里，周围

① 吴庆洲. 建筑哲理、意匠与文化[M]. 北京：中国建筑工业出版社，2005：56.

② 吴庆洲. 中国客家建筑文化[M]. 武汉：湖北教育出版社，2008：27.

的人也就是从小看惯的。这是一个熟悉的社会，没有陌生人。"[1]围龙屋中轴线上的水塘、禾坪、堂屋、化胎，这些建筑空间基本属于大家共同的生活空间，通廊式的住房也不以家庭为单位进行分配，从客观上说，一个围龙屋其实就是一个大家，无论是日常生活中的个体还是家庭与家庭之间的交往，都可以看作是具有血缘关系的"家人"的日常交往，共同使用着围龙屋的住宅功能。

特别需要指出围龙屋中的堂屋，在平时的利用上有多种功能，包括祭祖、拜神等，而且也是宗族议事的进行地以及迎亲、嫁娶、祝寿、治丧等仪式的场所。祭祖是宗族的重要功能，通过祭祖活动的组织、引导，使族人更真实地感受到祖宗相传、血脉相通的宗族认同感和归属感，对加强族人的亲和力和宗族的凝聚力有不可取代的作用，尤其是对外殖他乡的族人，借祭祖之机，把他们同本地的族人召集在先祖的神主牌或墓茔前，将已经变得松散、淡漠的血缘关系重新拉近，使族人散而宗族不散，巩固宗族已经取得的社会地位。[2]再有之前我们梳理围龙屋形制的时候把堂屋分为上堂、中堂和下堂，上堂屋的功能就是作为供奉先祖、祭拜祖先的场所，甚至一些围龙屋就命名为某某祠以祭奠先祖。比如说建于500多年前、位于梅县丙村镇群丰村的仁厚温公祠，从称谓上就可以看出这是宅祠合一的建筑。另外还有一些围龙屋以某某堂命名，堂号一般来自该姓氏的郡望。[3]郡望是中国姓氏中的特有范畴，可以指此姓族人的先祖世代居住的地方，比如李姓的堂号为陇西堂，这是因为李姓是陇西的望族，所以用陇西这个地方为堂号。也有以姓氏总的发祥地或者支系的郡望作为堂号的，比如颍川堂、松阳堂、西川堂，这三个堂号都是赖姓族人的堂号，其中颍川是赖姓的发祥地，松阳和西川是赖姓支系的郡望。无论选择用怎么样的堂号来命名围龙屋，其内涵都是寄托了对祖上的追思，以期纪念先辈、缅怀先祖。围龙屋中这种宅祠合一的布置，既有礼制建筑所要求的严肃性，也有生活所赋予的活跃性，称为团结家族的核心区域。祠堂的功能区扩大，祠堂的序列空间也随之延伸，从池塘、禾坪、大门、天井到中堂、上堂一气呵成，整体空间既有家族日常的生活气息，也有对先祖供奉敬仰的作用。

围龙屋除了宅祠合一以外，另一个信仰文化是多神崇拜。围龙屋与围龙屋之间的多神崇拜是不尽相同的，就围龙屋内的神位设置而言，包括五行石、富德龙神伯公、杨公仙师、天神、井神、灶神、观音等；在围龙屋外部的神灵崇拜包括树神、石头伯公、河神伯公、塘头伯公、水打伯公、后土、社官等，每个聚落还有不同的

① 费孝通. 乡土中国[M]. 北京：生活·读书·新知三联书店，1985：5.
② 孔永松，李小平. 客家宗族社会[M]. 福州：福州教育出版社，1995：74-75.
③ 吴卫光. 围龙屋建筑形态的图像学研究[M]. 北京：中国建筑工业出版社，2010：142.

庵堂以及不同的信仰圈、祭祀圈和游神圈。^①围龙屋中的多神崇拜可以看出客家人神灵信仰一些特点：第一，在客家人的整体族群心理上，视先祖、神明、鬼魂为实现宗族愿望和目标的唯一外部力量，这一点与中国传统宗教信仰的理想并无二致；第二，多神崇拜具有明显的功利趋向，客家人祭拜神明、祖先、鬼魂，无不是和特定的目的、需求联系到一起；第三，多神崇拜将持续性的崇拜对象与临时性的崇拜对象结合，既可以互换也可以累加。由此可以看出，客家人的多神崇拜是对中国传统宗教文化的一种继承，应是无可规避的事实^②，我们不能说客家人在这一点上与汉民族的其他分支有多么大的不同，恰恰相反，应该看到，这是建立在民族共同信仰基础上的一种宗教认同，既是宗教认同的产物，同时也是社会知识的产物。

客家人的这种信仰特征，让围龙屋包含了多种不同的用途：祭祖、拜神、宗族议事、迎亲嫁娶等日常庆典进行地等，堂屋为这些功能提供了一个仪式空间。从建筑范围内的最高点后排围屋，到建筑的最低点屋前水塘，沿着中轴线，信仰崇拜形成了不同的输出表达，包括龙厅、化胎、五行石、上堂屋的先祖祭拜和神像供奉、土地神、天神等。正是建筑与信仰空间融合的结果，使得围龙屋这种客家民居呈现了我们现在看到的、独特的表现形式。

本章小结

本章是以建筑文化作为切入点，归纳总结围龙屋这种建筑出现的社会文化环境。重点分析了产生围龙屋这种特有建筑形制的人文思想背景，本章还解读了围龙屋中特有组成如化胎、龙穴、五行石等部分的文化信仰和意义。

① 房学家. 粤东古镇松口的社会变迁[M]. 广州：花城出版社，2002：75-91.
② 赖伦海. 解读客家民间的多神崇拜[J]. 粤海风，2005（2）：12.

第 5 章

围龙屋价值评价
体系构建

要科学地评价一个事物，必须要科学地运用系统评价学基本原理，研究评价活动本身的规律和各环节、各组成部分的相互关系。在梳理完客家人历史、围龙屋建造技术和建筑文化内涵以后，我们可以着手构建围龙屋的价值评价体系，从而用整体、系统的视角来完整地解读围龙屋作为建筑实体所蕴含的价值。建筑的价值一般会用到定性和定量的方式进行评价，定性评价就是研究事物本身的运动规律和评价原理，定量评价是需要借用相关的系统评价的技术方法，对已经定性的对象进行量化比较。

5.1 历史建筑价值评价的发展

5.1.1 国外历史建筑评估

历史建筑的评价工作在国外已经开展多年，许多国家已经制定了完善的、适应本国状况的评价标准，有些国家还通过立法把历史建筑评估工作纳入建筑遗产的保护当中。法国根据自身国情，制定了历史保护区及保护和利用规划体系，其主要工作是对历史保护区的调查和评价，在经过大量的资料收集、分类、社会经济分析、评估工作以后，建立调查统计档案，每份档案详细记录对象建筑的特征资料、评估过程和结果，以及对于历史保护区空间特征的调查和评估。评估对象包括建筑本身、周边的街道、广场、建筑物之间的连接关系等内容。[①]英国的历史建筑评估包括艺术水平、建造技术、社会历史发展等方面，其标准更侧重于历史艺术价值的保护。加拿大在建筑遗产的保护中形成了勘测、评估、决策的三部曲工作方法，制定了评估表、评估标准、评估程序和相对稳定的评估人员，其中评估表是一套比较完整的评价指标体系，评估标准是由建筑师、历史学家、历史建筑学者等各方面专家制定完成的。[②]日本则以国内法律《文化财保护法》为蓝本，明确了遗迹、古墓、城堡遗址、都城遗址、旧宅等历史建筑的评估标准，明确了国家、地方政府、国民和建筑所有者相关的责任和权利。[③]国外历史建筑评价体系比较明显的特点是建筑的量化评价以及广泛征询公众意见这两点上，在价值开发上重视多学科交叉综合评价，重视公众的广泛宣传，重视社会民间的保护力量。

---

① 刘健. 法国历史街区保护实践——以巴黎市为例[J]. 北京规划建设，2013（4）：22-28.

② 张艳玲. 历史文化村镇评价体系研究[D]. 广州：华南理工大学，2011：3.

③ 吴凌鸥. 日本文化财保护体系解析[J]. 黑龙江教育学院学报，2009（6）：6.
  引自：日本文化厅长官官房政策课. 日本国的文化行政[M]. 日本：文化厅，2006：33-35.

5.1.2 国内历史建筑评估发展

我国早期对历史建筑的评估工作多为定性分析，近20年开始借鉴国外的研究经验，进行定量评估工作。1995年在安徽省黄山市徽州区呈坎村进行了第一次建筑遗产的定量评估[1]，标志着我国开始运用国外量化评估的方法对历史建筑进行研究，由此开启了国内在建筑遗产保护、历史建筑普查、设计评估方案、实践检验等活动上的新阶段。经过一段时间奋斗，我们在对历史建筑遗产的定量评价上已经有了一定的积累（表5-1）。

国内历史建筑评价研究部分阶段性成果　　　　　表5-1

学者	时间	主题	内容
朱光亚 方 道 雷晓鸿	1998	建筑遗产评估的一次探索	结合在苏州和绍兴的评估实践，针对历史建筑评价的合理性从评估目的、评价对象、评价主体三方面进行讨论，并对建筑遗产的评价因子和权重进行了研究[1]
查 群	2000	对建筑遗产的可利用性评估体系进行研究	以综合价值和可利用性两个指标，对建筑遗产进行分等级保护，为发展规划中建筑遗产保护利用提供依据[2]
梁雪春 达庆利 朱光亚	2002	城乡历史文化地段的综合价值的模糊评价研究	围绕历史建筑的综合价值建立客观评价体系，研究给定评估的指标体系，并尝试用模糊综合评价方法进行实例评估[3]
朱向东 申 宇	2007	建筑遗产保护中的历史价值评定	对建筑的历史价值进行定性讨论，给出评价[4]
张艳玲 肖大威	2011	历史文化村镇评价体系研究	较为完整地建立主观客观个体系的评价指标，并选取特定案例进行分析[5]

① 朱光亚，方道，雷晓鸿. 建筑遗产评估的一次探索[J]. 新建筑，1998（2）：23-25.
② 查群. 对建筑遗产的可利用性评估[J]. 北京：建筑学报，2000（11）：48-51.
③ 梁雪春，达庆利，朱光亚. 我国城乡历史地段综合价值的模糊综合评价[J]. 东南大学学报，2002（2）：44-46.
④ 朱向东，申宇. 历史建筑遗产保护中的历史价值评定初探[J]. 山西建筑，2007（34）：5-8.
⑤ 张艳玲. 历史文化村镇评价体系研究[D]. 广州：华南理工大学，2011.

从表5-1可以看出，历史建筑评估的关注点已经从定性研究逐渐转变为定量分析、量化评估，建筑评价的构建越来越借助统计学、管理学等相关领域的知识体系和方法，通过数据分析进行量化评估是今后的发展趋势，这样可以使历史建筑的评价更准确也更全面，更能有效地反映历史遗产综合价值。

---

① 张艳玲. 历史文化村镇评价体系研究[D]. 广州：华南理工大学，2011：4.

5.1.3 历史建筑评估方法分析

历史建筑评估的办法，根据评价目的的不同、侧重点不同，评价指标的构成也不尽相同。查群建立的建筑遗产评价体系是基于对历史建筑的再利用性上展开的，评价指标包括结构的安全性、环境状况、道路状况和情感因素，针对不同材料的建筑，评价指标也不尽相同，分别为木结构建筑和砖混结构建筑。朱光亚运用层次分析法建立的历史遗产评估方法是对历史遗产综合价值评估的一次比较深入的探索，评价指标分为四个层级，目标层是历史建筑的综合价值，准则层是历史建筑本体价值和对建筑价值产生作用的外在因素两因素，再下一级则细化为历史价值、科学价值、艺术价值、空间布局、实用价值。朱光亚教授的评价体系已经突破了建筑本体，扩大到历史建筑的周边环境和社会生活中，突破性地把影响建筑价值的外部因素也作为建筑遗产的评估指标，为历史建筑评价体系的研究开创了新的道路。

那么综合现行历史建筑遗产评估方法的分析，可以看出当前的建筑评价发展具有一些比较明显的特点。首先是评价指标越来越全面，当前的评价因素提取上，早已突破了关注建筑本身的价值，已经扩大到历史价值、人文价值、周边环境状况等其他因素，表明对建筑价值的理解已经不仅仅停留在历史建筑本身上，而是更重视建筑遗产对于整个社会的综合价值。其次，评价指标中关于建筑本体以外的因素所占有的权重更大，对于价值的理解更多元化。历史建筑的旅游开发、居民参与度、村镇基础建设、交通条件等因素都成为评价指标中重要的组成部分。最后，评价指标的选定更科学。评价指标的选定是经由专家调查法、层次分析法等多种评估方法运用得出，如朱光亚教授建立的评价系统包含了22项评价指标，这些评价指标的增加并不是盲目增加数量，而是在充分考虑现实情况、结合当前社会发展的趋势有针对性地提出的。由此可以看出，全面性、整体性是评价方法发展的趋势。

5.2 围龙屋价值解析

围龙屋作为中国特色传统民居建筑之一，是客家人特有的建筑形式。客家围屋的文化内涵十分丰富，从建筑风格到民风民俗处处展示了客家的人文历史，是客家文化的重要象征，目前客家围龙屋申报世界文化遗产的工作正在紧锣密鼓地进行中[①]。全面、整体地理解围龙屋所蕴含的价值，是科学建立围龙屋建筑科学评价体系的前提。

---

① 市政府印发〈关于客家围龙屋申报世界文化遗产工作方案的通知〉[EB/OL].
　http://mz.southcn.com/content/2016-02/20/content_142691175.htm.

5.2.1 四个维度的提出

通过之前对于评价方法的梳理和总结，我们可以看到，早期的建筑评价方法中，主要是针对建筑本体的价值，无论是建筑的材料、技法、艺术、历史等方面评价指标的提出，无不是建立在对建筑本体的研究上面，而后，学者们逐渐发现这些关注建筑本身的评价指标上面已经远远不能包含建筑所代表的价值，因此不同学者在自己的研究领域里提出了相应的附加指标，这些评价因子的提出，是研究者在实践中逐步总结提炼出的。随着社会的不断进步、历史建筑保护工作的推进和公众对于建筑价值理解的加深，评价体系也应随之不断进步，适应新时期的发展需求，这些评价方法依然有需要完善的地方。本方法的提出是力求能用系统论的角度，更全面地理解围龙屋建筑蕴含的内涵，更准确地解析围龙的价值。

图5-1　围龙屋价值体系的四个维度

系统论的核心思想是系统的整体观念，贝塔朗菲（Ludwig Von Bertalanffy）强调，任何系统都是一个有机的整体，它不是各个部分的机械组合或简单相加，系统的整体功能是各要素在孤立状态下所没有的性质。①同时他认为，系统中各要素不是孤立地存在着，每个要素在系统中都处于一定的位置上，起着特定的作用。要素之间相互关联，构成了一个不可分割的整体。要素是整体中的要素，如果将要素从系统整体中割离出来，它将失去要素的作用。系统论认为，开放性、自组织性、复杂性、整体性、关联性、等级结构性、动态平衡性、时序性等，是所有系统共同的基本特征。这些既是系统所具有的基本思想观点，也是系统方法的基本原则，表现了系统论不仅是反映客观规律的科学理论，具有科学方法论的含义，这正是系统论这门科学的特点。正是由于系统论的这种特点，我们在第二章梳理完客家人历史、第三章田野调查围龙屋建造技术和第四章阐述围龙屋建筑文化内涵以后，以系统论的角度可以更完整和全面地理解围龙屋的价值，由此提出了虚、实、内、外四个视域下，两两组合的四个维度去解析围龙屋的价值，分别为内实、内虚、外实、外虚的赋值，运用层次分析法，以这四个维度作为基准层去解析围龙屋。

---

① 贝塔朗菲. 一般系统论——基础、发展和应用[M]. 林康义，魏宏森 等译. 北京：清华大学出版社，1987：17.

5.2.2 基准层的建立

以层次分析法进行评价的核心是建立评价体系的层次结构，也就是将复杂问题科学地分解成元素，把这些元素按照不同属性进行分组，以形成不同层级。同一层次的元素对下一层次的元素起支配作用，同时也受到上层元素的支配，这种自上而下的支配关系形成了一个递阶结构关系。处于最上层的只有一个元素，也是整体评价的核心目标。

围龙屋的综合价值作为目标层，以内实、内虚、外实、外虚这四个维度为基准层进行赋值，分范畴表达围龙屋的整体价值。内，顾名思义就是把围龙屋自身实体的相关指标作为评价因子。内实，包括建筑本身的规模、形制、材料、施工技法、艺术特征等方面；内虚则表示跟建筑本体相关的文化内涵、历史、意识形态等方面的赋值；外实是建筑周边的实体环境，包括村落的地理位置、交通、周边地势、村落内部其他历史建筑等方面的赋值；外虚则是当地的风土人情、村民参与积极性、跟建筑相关的政策、法规、社会舆论等方面的赋值。由此，我们便可以用这四个维度作为基准层来构建围龙屋的价值评估体系。

5.3 围龙屋价值体系的构建

评价体系的建立，一般有4个环节。首先是评价因素指标的确定，其次是建立评价体系的层级结构，然后是确定评价因子的标准和权重，最后是对评价体系进行操作。[①] 建筑评价体系应该是一个不断发展的系统，随着社会价值、公众认知的进步，评价体系也应能与时俱进的进化。

5.3.1 建立价值体系的程序

评价系统的前期工作是保证评价质量的前提，本系统的建立是参照以下方法进行的。首先是明确评价的目标和对象，了解其相关的研究背景。其次是评价主体的选定，根据研究目标的不同，评价系统会有不同的评价主体，本系统的建立主要是针对围龙屋价值进行分析，因此选定评价主体的范围应该是对于围龙屋有一定的熟悉程度、从事相关研究工作的科研人员、政府职能部门的工作者以及生活在当地周边的居民等人员，调查对象的选定一般主要采用三种方法：随机法、判断抽样和配

---

① 杜栋，庞庆华，吴炎. 现代综合评价方法与案例精选[M]. 北京：清华大学出版社，2008：21.

研究对象确立 → 文献背景研究 → 评价主体选定 → 评价方法设定 → 数据采集 → 数据汇总分析 → 结论

图5-2 围龙屋评价体系建立的步骤

额抽样[①]，也可以混合使用。然后是量化数据的采集和分析，包括制作调查问卷进行数据采样，也包括相关文献数据、田野调查数据等资料，回收后组成评价专家组进行分析，初步建立评价模型，然后运用模糊数学等方法给出相关指标的权重和结论，再分析结论，最后得出优化后的评价体系。

5.3.2 评价因素集合的产生

评价因子是评价体系的基础部分，科学的选择评价因子是建立科学评价体系的前提。评价因子的选择应该数量适中，太多或者太少都不合适。如果评价因子的项数太多，必然会让各因子之间出现重复覆盖，评价因子的项数太少，则会缺乏代表性。评价因子要经过筛选、调查、分析，最后建立一个多层级的评价框架。综合杜栋等学者的研究成果，评价指标体系要有代表性、独立性、差异性、典型性和可行性。[②] 基于这样的原则，在参考前人的研究成果，可以着手构建围龙屋价值的评价体系。

在第二章中我们梳理了客家人的文脉，第三章和第四章我们总结了围龙屋人文历史和建筑技法方面的价值，结合对现行建筑评价体系的总结和分析，以及建立好的四个维度，在预设评价因素集的基础上，然后运用德尔菲法来最终确定评价因素集合。实施的步骤包括是先通过总结设置问卷（见附录），然后圈定调查问卷发放对象的范围，具体的征询对象包括地区旅游局、文化局、相关协会、高校、相关研究所，以及旅游、环境、地理、园林、民俗等专家，共发放了80份问卷，回收74份，其中71份有效问卷，然后把这些收集到的问卷进行统计分析，以熟悉程度加权平均处理，最后确定评价因素合集。

5.3.3 评价体系的层次结构

通过对采集数据的归纳总结，在对围龙屋评价因素集研究的基础上，基于层次

---

① 随机法一般是在研究现场周边随机采样，随机选择受访人作为对象；判断抽样法也叫立意抽样，是指根据调查人员的主观经验从总体样本中选择被判断为最能代表总体的那些群体作样本的抽样方法；配额抽样也称定额抽样，是指调查人员将调查总体样本按一定标志分类或分层，确定各类（层）单位的样本数额，在配额内任意抽选样本的抽样方式。每一种抽样方法都有各自的优缺点，在遇到具体的抽样要求时一般根据现实情况混合使用以求达到工作效率和抽样结论科学性的优化方案。

② 杜栋，庞庆华，吴炎. 现代综合评价方法与案例精选[M]. 北京：清华大学出版社，2008：4.

分析法和模糊评价法，建立评价体系，并且综合运用定性和定量分析对体系进行优化，建立总体系的层次结构（表5-2）。

围龙屋价值体系的层次结构

表5-2

目标层	基准层	评价指标
围龙屋价值体系（W）	内实U_1	U_{11}大木作（含搭材作）
		U_{12}小木作
		U_{13}石作
		U_{14}土作
		U_{15}瓦作
		U_{16}装饰（裱糊作、彩画作、油漆作）
		U_{17}建筑规模
		U_{18}使用维护程度
		U_{19}建筑材料典型性
	内虚U_2	U_{21}建筑年代
		U_{22}建筑相关的历史事件
		U_{23}原住家族赋值
		U_{24}建筑文化意象布局完整性（典型性）及审美
		U_{25}化胎形制的契合度
		U_{26}围龙屋龙穴的形态
		U_{27}建筑信仰文化的其他布置
		U_{28}原住者的信仰文化、生活习俗的传承
		U_{29}建筑的可拓展性
	外实U_3	U_{31}周边自然环境风貌
		U_{32}围龙屋的地理位置（交通）
		U_{33}村落的规模及等级
		U_{34}村民的生活状态（现代化进程的科学性、和谐性）
		U_{35}周边围龙屋的数量
		U_{36}核心周边区域原住民众的比重
		U_{37}周边能反映时代风貌的其他设施（围龙、祠堂、牌坊、门楼、水井、街道等）的状态
	外虚U_4	U_{41}相关区域的规划政策
		U_{42}地域性建筑保护措施的完备
		U_{43}民间组织的建立及作用
		U_{44}民俗（传统节日、手工、习俗）的传承情况
		U_{45}文学、美术、戏剧、曲艺等民间艺术的丰富程度
		U_{46}民众对围龙屋价值的关注度及认同感

5.4 围龙屋评价指标权重

对采集的数据进行分析研究，可以得出围龙屋价值解析的层次和相应的评价因素合集，然后征询在高等院校、研究所从事古建筑相关领域研究的学者以及在政府部门从事历史文化、建筑遗产、文化遗产研究的专业人士，对评价因素集中的子项目进行权重赋值，最终完成评价体系的构建。

5.4.1 权重采集表制定

在构建评价体系的过程中，因素集各评价因子的权重，是评价体系的重要组成部分，直接关乎评价体系的科学性。运用层次分析法建立指标层次以后，各个评价因子的权重可制定因子权重值采集问卷由专家调查法得出。

首先要根据因子集合编制权重值调查表，经过分析和筛查，权重因素集合应避免重复问题，尽量使各因子具有独立和排他性，术语也经过规范化处理，以求做到让被调查对象明确调查目的，了解评价指标的结构层次，也可以让被调查对象准确表达自己的意见（调查表见附录）。权重赋值调查表的核心是建立一个合理并且一致的判断矩阵，可以使因子两两对比相互重要性关系（表5-3）。

重要性判断矩阵   表5-3

A_{ij}	1	2	3	……	n
1	1	W_1/W_2	W_1/W_3	……	W_1/W_n
2	W_2/W_1	1	W_2/W_3	……	W_2/W_n
3	W_3/W_1	W_3/W_2	1	……	W_3/W_n
……	……	……	……	……	……
n	W_n/W_2	W_n/W_2	W_n/W_2	W_1/W_2	1

注：判断矩阵A基本性质：$a_{ij}>0$，$a_{ij}=1/a_{ij}$，$a_{ii}=1$

然后，选择合适的对比标度，标度是指人们对各评价指标重要性的差异判断等级量化指标，确定指标重要性的量化标准常用的方法用比例标度和指数标度，以比例标度法为例，比例标度法是以人们对事物区别的评判标准为基础。实际生活中，一个从0到∞的标度是没有意义的，人的判断力不能对任意两个对象关系做出量化比较，当两个比较事物相差无穷大的时候，人自身的判断就会失准，会远离实际数值。[①] 为了改善判断矩阵的一致性，近年来，研究系统工程的学者提出转换标

---

① 许树柏. 层次分析法[M]. 北京：煤炭工业出版社，1988：64.

度的方法。新的标度方法经过研究比较符合人们的心理习惯：假设人们对考虑的因素两两比较，其重要程度可分为五级：原级、稍微重要、重要、很重要、极端重要。实践中以5种不同分数就可以很好地表示事物的等级差别，当评判需要更高精度的时候，可以在相邻判别之间做出比较，形成9种等级分数。选择9以内的等级差别标度有一定的科学根据，首先被选择的比较对象之间的量化差异应该在一个数量级上面，这样比较才有意义，也能保证有一定的准确性，对于相差接近无限大的两个事物之间的比较在实际应用中意义不大。再者，有心理学研究表明，人只能同时对有限数目的对象进行比较，一般情况下，其极限数目为7±2，而且对不同程度刺激的感觉区别，使用7个标度就足够了，一般通过5个比较判断等级就可以比较好地反映人的定性区别能力，5个级别为相同、微弱、明显差异、强烈差异、极端差异，再加上它们的中间值，一共9个等级，就有足够好的精度[1]。本次研究使用1~9量化等级来建立标度判断（表5-4），对围龙屋价值评价因子进行判断。

1~9度量值示意表　　　　　　　　　　　　　　　表5-4

标度取值a_{ij}	定义	解释
1	同等重要	两项具有相同重要性
3	稍微重要	i比j稍微重要
5	明显重要	i比j明显重要
7	强烈重要	i比j强烈重要
9	极端重要	i比j极端重要
2，4，6，8	介于两级之间重要程度的标度值	

　　之后圈定征集意见的对象，本次研究的对象专家为来自古建筑保护开发利用领域的专业人员，包括建设局、规划局等政府机关、研究所、旅游协会和高校中硕士以上学历的高等知识分子。所有调查对象都具有一定的学术知识背景，对古建筑价值开发具有一定的经验。最后通过面谈、电话、网络等交流方式，请专家对围龙屋评价因子权重征集表进行评估，问卷分为三层，请受访者对每层因子的上一层进行权重打分，每层权重值之和设定为100，下层权重之和对应上层权重值。共发放50份权重值调查表，回收46份，有效问卷42份。

① 唐元义，胡清峰，骆有德. 层次分析法的一种新标度法[J]. 鄂州大学学报，2005（6）：40-41.

5.4.2　权重值计算

经过第一轮数据采集以后，根据对象专家所给出各个因子的权重数，分别计算出权重的平均值和标准差。对评估结果计算平均数。这里我们使用的平均数为几何平均数，而不是算术平均数。几何平均数，是求一组数值平均数的方法中的一种，适用于对比率数据的平均，并主要用于计算数据平均增长或变化率。计算几何平均数要求各观察值之间存在连乘积关系，它的主要用途是对比率、指数等进行平均，或者样本数据非负时，用于对正态分布计算平均或者求发展速度等领域。我们在处理若干专家对相同项进行不同权重赋值数据的时候，假定一个人给出的判断值为 M，另一个为 $1/M$，算术平均数为（$M+1/M$）/2，几何平均数为 $M \times 1/M$ 的平方根，也就是1，选用几何平均数可以尽量避免个别极端数据对于最终统计结果的影响。在评价体系中，我们对每个层次中专家对围龙屋因子的赋值提取几何平均数，作为第一轮数据，为下一步分析做准备。

第一轮数据采集完成之后，为验证数值的科学性，需要做信息反馈，将统计计算所得的资料反馈给专家，请求专家更改第一次赋值或者提出修改意见。由于专家的领域不同、知识体系差异，因此对于围龙屋价值分析的理解不一样，相应侧重点也不一样，有些因子的评判赋值会存在数据上的差异，采用信息反馈再征询的办法就是把第一轮统计结果再反馈给专家，请其再次对评价体系的各个因子进行评判，在此基础上重新确定赋值。按照层次分析法的要求，如果专家的因子赋值的差异性依然比较大，可以重复以上步骤进行信息反馈，直至获得较为满意的结果为止，也可以组成专家委员会对相应数据进行协商讨论。本次研究计算数据到第三轮反馈的时候已经基本接近，得到了专家组基本认可的一致意见。

最后要进行一致性检验，判断矩阵的一致性是比较过程中的传递性要符合逻辑，比较结果要避免 a 比 b 重要，b 比 c 重要，c 比 a 重要这样的逻辑错误。由于客观事物的复杂性和专家掌握资料的不完全特点，加上其他多种因素的影响，要构建出完全满足一致性要求的判断矩阵是困难的，经常会带有某种偏差，破坏判断矩阵的一致性。为了保证决策的正确和实际效果，把偏差控制在一定范围内就认可判断矩阵的一致性。在利用层次分析法的实践中，萨蒂（Saaty）教授提出把一致性比率 $C.R. < 0.1$ 作为判断矩阵具有满意一致性的条件，至今人们已经提出许多改进判断矩阵一致性的方法，尽管这些方法有些许差异，但是都以 $C.R.$ 小于0.1作为终止调整的标准。[①]通过对数据的采集、反馈、分析、计算，最终获得以下围龙屋价值评价体系表和各因素权重（表5-5~表5-9）。

---

① 宋光兴，杨德礼. 模糊判断矩阵的一致性检验和一致性改进方法[J]. 系统工程，2003（1）：110-112.

围龙屋价值评价体系（基准层） 表5-5

围龙屋价值评价体系	内实U_1	内虚U_2	外实U_3	外虚U_4	W_i
内实U_1	0.5965	0.6617	0.5357	0.4565	0.5626
内虚U_2	0.1988	0.2206	0.3214	0.3261	0.2667
外实U_3	0.1194	0.0735	0.1071	0.1956	0.1239
外虚U_4	0.0853	0.0442	0.0357	0.0217	0.0467

基准层内实U_1（对总目标权重：0.5626） 表5-6

U_1内实	U_{11}大木作（含搭材作）	U_{12}小木	U_{13}石作	U_{14}土作	U_{15}瓦作	U_{16}装饰	U_{17}建筑规模	U_{18}使用维护程度	U_{19}建筑材料典型性	W_1
U_{11}大木作（含搭材作）	0.3149	0.3909	0.2697	0.1724	0.1795	0.2667	0.3839	0.2034	0.2685	0.27
U_{12}小木作	0.1049	0.1303	0.2023	0.1724	0.1795	0.2000	0.0960	0.1525	0.2013	0.16
U_{13}石作	0.0787	0.0434	0.0674	0.0690	0.0513	0.0333	0.0640	0.1525	0.1342	0.08
U_{14}土作	0.0630	0.0261	0.0337	0.0345	0.0256	0.0333	0.0384	0.0169	0.0134	0.03
U_{15}瓦作	0.0450	0.0186	0.0337	0.0345	0.0256	0.0111	0.0274	0.0169	0.0134	0.02
U_{16}装饰（裱糊作、彩画作、油漆作）	0.0787	0.0434	0.1348	0.0690	0.1538	0.0667	0.0384	0.1525	0.1342	0.09
U_{17}建筑规模	0.1574	0.2606	0.2023	0.1724	0.1795	0.3333	0.1920	0.1525	0.1342	0.19
U_{18}使用维护程度	0.0787	0.0434	0.0224	0.1034	0.0769	0.0222	0.0640	0.0508	0.0336	0.06
U_{19}建筑材料典型性	0.0787	0.0434	0.0337	0.1724	0.1282	0.0333	0.0960	0.1017	0.0671	0.08

广东梅县客家围龙屋建筑遗产及其评价研究

基准层内虚U_2（对总目标权重：0.2667） 表5-7

U_2内虚	U_{21}建筑年代	U_{22}建筑相关的历史事件	U_{23}原住家族赋值	U_{24}建筑文化意象布局完整性及审美	U_{25}化胎形制的契合度	U_{26}围龙屋龙穴的形态	U_{27}建筑信仰文化的其他布置	U_{28}原住者生活习俗的传承	U_{29}建筑的可拓展性	W_2
U_{21}建筑年代	0.0403	0.0235	0.0475	0.0693	0.0647	0.1765	0.1890	0.0063	0.0068	0.07
U_{22}建筑相关的历史事件	0.1208	0.0706	0.0949	0.0520	0.0485	0.0588	0.0472	0.0883	0.1027	0.08
U_{23}原住家族赋值	0.0805	0.0706	0.0949	0.0693	0.0647	0.1176	0.0945	0.1325	0.1712	0.10
U_{24}建筑文化意象布局完整性及审美	0.1208	0.2824	0.2848	0.2079	0.3884	0.2353	0.2835	0.2650	0.2397	0.26
U_{25}化胎形制的契合度	0.1208	0.2824	0.2848	0.1040	0.1942	0.1765	0.1890	0.2208	0.1712	0.19
U_{26}围龙屋龙穴的形态	0.0134	0.0706	0.0475	0.0520	0.0647	0.0588	0.0472	0.0883	0.0685	0.06
U_{27}建筑信仰文化的其他布置	0.0201	0.1412	0.0949	0.0693	0.0971	0.1176	0.0945	0.1325	0.1370	0.10
U_{28}原住者的信仰文化、生活习俗的传承	0.2819	0.0353	0.0316	0.3465	0.0388	0.0294	0.0315	0.0442	0.0685	0.11
U_{29}建筑的可拓展性	0.2013	0.0235	0.0190	0.0297	0.0388	0.0294	0.0236	0.0221	0.0342	0.05

基准层外实U_3（对总目标权重：0.1239） 表5-8

U_3外实	U_{31}周边自然环境风貌	U_{32}围龙屋的地理位置	U_{33}村落的规模及等级	U_{34}村民的生活状态	U_{35}周边围龙屋的数量	U_{36}核心周边区域原住民众的比重	U_{37}周边能反映时代风貌的设施	W_3
U_{31}周边自然环境风貌	0.1690	0.1053	0.2860	0.2000	0.2985	0.1579	0.2000	0.20
U_{32}围龙屋的地理位置	0.5070	0.3158	0.2860	0.1500	0.2985	0.2105	0.2667	0.29

U_3外实	U_{31}周边自然环境风貌	U_{32}围龙屋的地理位置	U_{33}村落的规模及等级	U_{34}村民的生活状态	U_{35}周边围龙屋的数量	U_{36}核心周边区域原住民众的比重	U_{37}周边能反映时代风貌的设施	W_3
U_{33}村落的规模及等级	0.0845	0.1579	0.1430	0.1500	0.1493	0.1579	0.2000	0.15
U_{34}村民的生活状态	0.0423	0.1053	0.0477	0.0500	0.0249	0.0526	0.0333	0.05
U_{35}周边围龙屋的数量	0.0845	0.1579	0.1430	0.3000	0.1493	0.2632	0.2000	0.19
U_{36}核心周边区域原住民众的比重	0.0563	0.0789	0.0472	0.0500	0.0299	0.0526	0.0333	0.05
U_{37}周边能反映时代风貌的其他设施的状态	0.0563	0.0789	0.0472	0.1000	0.0497	0.1053	0.0667	0.07

基准层外虚U_4（对总目标权重：0.0467）　　　　表5-9

U_4外虚	U_{41}相关区域的规划政策	U_{42}地域性建筑保护措施的完备	U_{43}民间组织的建立及作用	U_{44}民俗的传承情况	U_{45}文学、美术、戏剧、曲艺等民间艺术的丰富程度	U_{46}民众对围龙屋价值的关注度及认同感	W_4
U_{41}相关区域的规划政策	0.0625	0.1163	0.0763	0.0233	0.0286	0.3495	0.11
U_{42}地域性建筑保护措施的完备	0.1875	0.3488	0.4580	0.2791	0.2857	0.2330	0.29
U_{43}民间组织的建立及作用	0.1875	0.1744	0.2290	0.2791	0.2857	0.2330	0.23
U_{44}民俗的传承情况	0.2500	0.1163	0.0763	0.0930	0.1143	0.0388	0.12
U_{45}文学、美术、戏剧、曲艺等民间艺术的丰富程度	0.1250	0.0698	0.0458	0.0465	0.0571	0.0291	0.06
U_{46}民众对围龙屋价值的关注度及认同感	0.1875	0.1744	0.1145	0.2791	0.2286	0.1165	0.18

由以上结果可以得出，基准层内因因素的价值权重占到围龙屋整体价值的0.8293，其中内实因素的权重占决定性多数达到0.5626，然后依次是内虚因素权重占0.2667、外实因素权重占0.1239、外虚因素权重占0.0467。再下一层的评价因子权重只需要用其对上一层权重W乘以对应评价因素的权重值W_i，即可得出各因子对于围龙屋价值目标的权重。比如围龙屋建筑的大木作U_{11}因素对于围龙屋价值的权重值为0.2722（W_{11}）乘以0.5626（W_1），计算为15.31%。由此，最终得到围龙屋价值的总评价体系各因素权重表（表5-10）。

围龙屋价值的总评价体系各因素权重表　　　　表5-10

目标层	基准层	评价指标	权重
围龙屋价值体系（W）	内实U_1（56.2%）	U_{11}大木作（含搭材作）	15.3%
		U_{12}小木作	8.9%
		U_{13}石作	4.3%
		U_{14}土作	1.8%
		U_{15}瓦作	1.4%
		U_{16}装饰（裱糊作、彩画作、油漆作）	5.4%
		U_{17}建筑规模	11.1%
		U_{18}使用维护程度	3.1%
		U_{19}建筑材料典型性	4.7%
	内虚U_2（26.7%）	U_{21}建筑年代	1.8%
		U_{22}建筑相关的历史事件	2.0%
		U_{23}原住家族赋值	2.6%
		U_{24}建筑文化意象布局完整性（典型性）及审美	6.8%
		U_{25}化胎形制的契合度	5.1%
		U_{26}围龙屋龙穴的形态	1.5%
		U_{27}建筑信仰文化的其他布置	2.7%
		U_{28}原住者的信仰文化、生活习俗的传承	2.6%
		U_{29}建筑的可拓展性	1.3%
	外实U_3（12.4%）	U_{31}周边自然环境风貌	2.5%
		U_{32}围龙屋的地理位置（交通）	3.6%
		U_{33}村落的规模及等级	1.8%
		U_{34}村民的生活状态（现代化进程的科学性、和谐性）	0.6%
		U_{35}周边围龙屋的数量	2.3%
		U_{36}核心周边区域原住民众的比重	0.7%
		U_{37}周边能反映时代风貌的其他设施（围龙、祠堂、牌坊、门楼、水井、街道等）的状态	0.9%

目标层	基准层	评价指标	权重
围龙屋价值体系（W）	外虚U_4（4.7%）	U_{41}相关区域的规划政策	0.5%
		U_{42}地域性建筑保护措施的完备	1.4%
		U_{43}民间组织的建立及作用	1.1%
		U_{44}民俗（传统节日、手工、习俗）的传承情况	0.5%
		U_{45}文学、美术、戏剧、曲艺等民间艺术的丰富程度	0.3%
		U_{46}民众对围龙屋价值的关注度及认同感	0.8%

本章小结

本章在整理分析客家人历史、围龙屋建造技术和围龙屋建筑文化内涵的基础之上，以系统论的角度提出虚、实、内、外两两组合的四个维度解读围龙屋的各个评价指标，运用层次分析法，以这四个维度作为基准层去解析围龙屋价值。然后通过专家调查法对各个指标进行权重赋值采集，再结合统计学相关方法对数据进行处理，经过采集、反馈、分析、计算，最终获得以下围龙屋价值评价体系表和各因素权重。

第 **6** 章
—————
围龙屋价值评价
体系的应用

构建围龙屋价值评价体系的目标是为了更直观地理解围龙屋的整体价值，这样可以更好地保护和传承围龙屋民居。建立一套可操作的、针对不同的围龙屋民居建筑进行量化评价的办法，其得出的结果数据可以用作参考，使决策者的工作可以有条理地展开和进行。

6.1 围龙屋民居评价体系的作用

建构评价体系可以对不同围龙屋进行量化评估，评选出综合价值比较高的围龙屋民居建筑，为后期的等级划分、保护开发等多方面工作提供数据支持。

首先，评价数据可以作为等级划分的依据，对围龙屋进行量化评分的结果可以作为最直观的分级划分，分别进行相应的保护和开发。其次，评价体系可以作为聚类分析的参考意见，通过对围龙屋虚、实、内、外四个层面的分析，可以根据评价因子数值作为分类标注，对围龙进行归类，总结出同一类围龙屋的共同特征，这样能较为直观地分辨出单一围龙屋的优势和劣势。最后，围龙屋价值的量化数据可以作为政策制定、保护工作的开展提供依据，主管部门的资源有限，要对有价值或者价值较高的围龙屋进行保护和利用，依托评价体系，可以较为全面、有效地反映出围龙屋的整体价值，相应、资金、人员配置等资源便可以有针对性地开展，为制定相应的政策提供参考。

6.2 围龙屋民居价值体系因子评价准则

根据本书5.3节建构的评价体系分层及专家调查法给出的权重值，可以制定评价模型，然后运用SD语义差别法制定体系的分数值。语义差别法，由美国心理学家奥斯古德（Charles Egerton Osgood）于1957年提出的一种心理学研究方法，又称SD法。奥斯古德等人认为，人类对概念或词汇具有颇为广泛的共同的感情意义，而不因文化和言语的差别有多大的变化。因此，对"智力高的和言语流利的研究对象"，直接询问一个概念的含义是有效的。经奥斯古德及其他研究者的多次测试，发现被试者对每一概念的反应大多在以下三个方面表现出差异：评价（好—坏），潜能（强—弱），活动（快—慢），这三个维度也就是一般"语义空间"中最主要的因素。依据语义差别标度（表6-1）和评价因子内容，可以得到围龙屋评价体系模型（表6-2）。

SD语义差别标度　　表6-1

标度变化	低程度			高程度	
评价	很差	差	一般	好	很好
审美	很丑	比较丑	一般	比较美	很美
等级	一级	二级	三级	四级	五级
分数	0、1	2、3	4、5、6	7、8	9、10

围龙屋评价体系评分准则　　表6-2

序号	评价指标	分值评定方法	分数
1	U_{11}大木作（含搭材作）	围龙屋中主要木结构部分，包括柱、梁、枋、檩等结构质量的优劣	
2	U_{12}小木作	围龙屋中非承重木构件，如门、窗、隔断、栏杆、外檐装饰、地板、天花（顶棚）、楼梯、龛橱制作和安装工艺技法优劣	
3	U_{13}石作	房屋中柱础、台基、坛、地面、台阶、栏杆、门砧限、水槽、夹杆石等石料的制作和安装工艺的优劣	
4	U_{14}土作	围龙屋建筑中有关筑基、筑台、筑墙、制土坯、凿井等土方工程的优劣，着重考察夯土墙的制作	
5	U_{15}瓦作	建筑中屋面工程作业的优劣	
6	U_{16}装饰（裱糊作、彩画作、油漆作）	装饰的精美程度，建造工艺独特、细节繁复、有艺术审美价值的为最佳	
7	U_{17}建筑规模	建筑的规模大小，建筑宏大、结构稳固为最佳，以"三堂四横一围龙"为一般值	
8	U_{18}使用维护程度	内外表面完好，结构坚固的建筑实体为最佳；结构坚固，内外表面需要维护修缮的为一般值；结构需加固才可使用、内外墙破损严重为差	
9	U_{19}建筑材料典型性	以体现材料的地域性特点为最佳，注重考查大木作、小木作及夯土墙的建筑材料	
10	U_{21}建筑年代	清末以前（约1820年）兴建的为五级；清末时期（1820—1910年）修建的为四级；民国时期（约1910—1950年）修建的为三级；中华人民共和国成立初期（约1950—1970年）修建的为二级；1970年以后修建的为一级	
11	U_{22}建筑相关的历史事件	发生过全国范围内有影响的历史事件为五级；发生过全省范围内或相当省域范围有影响的历史事件为四级；发生过市域范围内有影响的历史事件为三级；其他情况酌情给分	

序号	评价指标	分值评定方法	分数
12	U_{23}原住家族赋值	在建筑的使用历程中，家族里出现过影响全国范围内一定历史时期中社会、经济、文化发展变革的人物为五级；出现过影响一定区域（省内或大致相当）范围内一定历史时期中社会、经济、文化发展变革的人物为四级；出现过影响一定市县区域范围内一定历史时期中社会、经济、文化发展变革的人物为三级；出现过其他有一定影响力的人物为二级；其他情况为一级	
13	U_{24}建筑文化意象布局完整性（典型性）及审美	化胎、祖龛、龙穴、蟹眼、龙厅、风水墙等相关建筑文化意象组成部分完整、整体审美感强为佳，如有破坏或不完整，酌情给分	
14	U_{25}化胎形制的契合度	化胎的大小、形式、水平弧度与建筑整体的契合程度是否协调	
15	U_{26}围龙屋龙穴的形态	龙穴五行石的形态完整，轮廓清晰，与化胎包裹部分结合自然平顺为最佳	
16	U_{27}建筑信仰文化的其他布置	有关信仰文化的其他建筑构件和设施，酌情给分	
17	U_{28}原住者的信仰文化、生活习俗的传承	信仰文化、传统习俗传承有序，延续完整的为五级；信仰文化、传统习俗传承比较完整的为四级；信仰文化、传统习俗传承一般的为三级；几乎不重视传统习俗、不举行信仰仪式的为二级；完全没有的为一级	
18	U_{29}建筑的可拓展性	结构完好、堂屋宽阔、房间宽敞，可利用性强为最佳	
19	U_{31}周边自然环境风貌	建筑周边环境优美、景观元素丰富（包括水景、花草树木、其他建筑景观等）、能很好地满足人们审美需求的为最佳，酌情给分	
20	U_{32}围龙屋的地理位置（交通）	交通出行极便利，建筑周边3km内有高速路出入口、火车站、地市级交通枢纽的为最佳；交通便利，建筑周边3km内有国道、县级交通枢纽的为一般；其他情况酌情给分	
21	U_{33}村落的规模及等级	全国古村落或村内拥有全国重点文物保护单位为五级；广东古村落或村内拥有省级文物保护单位为四级；村内拥有市级文物保护单位为三级；村内拥有县级文物保护单位为二级；其他情况为一级	
22	U_{34}村民的生活状态（现代化进程的科学性、和谐性）	民众农业生产、生活能较好地适应社会生产力发展，与自然和谐相处的前提下，注重先进科技的引进和使用为最佳；能关注自然环境，生产生活上能使用一定的科技手段为一般；不注重环保，以破坏环境为代价进行生产为最差	
23	U_{35}周边围龙屋的数量	周边有50座以上的围龙屋建筑群为五级；有41~50座围龙屋民居建筑为四级；有31~40座围龙屋民居建筑为三级；有21~30座以上围龙屋民居建筑为二级；20座以下围龙屋民居建筑为一级	

序号	评价指标	分值评定方法	分数
24	U_{36}核心周边区域原住民众的比重	按照原住民与生活在该区域内的总人口的比例给分	
25	U_{37}周边能反映时代风貌的其他设施（围龙、祠堂、牌坊、门楼、水井、街道等）的状态	周边设施90%左右保存完好的为五级；周边设施70%左右保存完好的为四级；周边设施50%左右保存完好的为三级；周边设施30%左右保存完好的为二级；周边设施少于30%保存完好的为一级	
26	U_{41}相关区域的规划政策	政府对于古建筑保护利用的政策完备程度，保护规划政策已经制定并实施的为最佳，已编制未实施的为一般值，未编制的不得分	
27	U_{42}地域性建筑保护措施的完备	已经设有专门机构配以专业人员实施有效管理办法的为最佳；已有机构，但是机构不完整或者人员不完备的为一般值；没有管理机构和相应措施的为最差	
28	U_{43}民间组织的建立及作用	民间保护性组织已经成立并参与到工作中起积极作用为最佳，有民间组织但是没有工作计划和章程，积极开展工作酌情给分；没有民间组织运作不给分	
29	U_{44}民俗（传统节日、手工、习俗）的传承情况	居民保持传统生活习惯非常完整的为五级，比较完整为四级，一般完整为三级，习俗延续不完整的为二级，几乎不重视传统习俗的为一级	
30	U_{45}文学、美术、戏剧、曲艺等民间艺术的丰富程度	具有国家级非物质文化遗产或指定传承人的为五级；具有省级非物质文化遗产或指定传承人的为四级；具有市级非物质文化遗产或指定传承人的为三级；未参评非物质文化遗产，但是民间艺术活动丰富的为二级；不丰富为一级	
31	U_{46}民众对围龙屋价值的关注度及认同感	周边居民对围龙屋关注度很高，对特色民居引以为傲为最佳；了解知晓围龙屋民居建筑，有一定认同感为一般；其他情况酌情给分	

6.3 典型围龙屋的评价实例

评价体系的建立是为了可以量化评估不同围龙屋的价值，分析不同围龙屋的优势劣势，可以更全面理解其建筑文化内涵价值，也是为保护工作的开展提供依据。因此选定两座围龙屋进行评估实践，以验证本评价体系的作用。本研究于2017年

4月组织专家对两处围龙屋进行考察，所选专家为了解客家文化、熟悉围龙屋建筑的行业内学者、研究员，请他们以围龙屋评价体系模型为基础对两座围龙屋进行评分，所选围龙屋建筑为德馨堂和承德楼。

6.3.1 德馨堂

德馨堂位于广东省梅州市梅县区南口镇侨乡村高田自然村，建筑形式为客家传统民居围龙屋典型形制中的"两堂四横两围龙"式（图6-1、图6-2）。此建筑由旅印尼华侨潘立斋所建，始建于清光绪三十一年（公元1905年），占地面积4360m²，建筑面积约1980m²。[①]该屋坐西南向东北，自东北轴端起至西南轴端依次为半月形池塘、禾坪、堂屋、天井、化胎、天街、围屋等，围屋正中设一敞开门的龙厅，整体平面布局为中轴对称的纵向椭圆形（图6-3~图6-9）。正立面为凹式木轩门楼，硬山式、夯筑墙体、灰瓦、土木石结构。主体建筑为两进式，建筑内设上、下两堂，堂屋5开间、横屋5开间、内围13开间、外围27开间，内外围屋檐做工考究、弧

图6-1 德馨堂鸟瞰航拍图

图6-2 德馨堂正面

图6-3 德馨堂正门

图6-4 下堂屋

① 中共市委宣传部 编. 客家民居（梅县卷）[M]. 广州：华南理工大学出版社，2012：32.

图6-5 上堂屋

图6-6 大门外木轩棚

图6-7 德馨堂天街

图6-8 德馨堂山墙

图6-9 德馨堂化胎

线流畅，形成宽敞的天街连接横屋，使屋宇更显敞亮。德馨堂于2010年11月被定为梅县文物保护单位。

6.3.2 承德楼

承德楼位于广东省梅州市三角镇三角村，由梁炯昌（号星楼，广东嘉应州三角安定堂折桂窝人，时任泰国华人华侨侨领）建造（图6-10）。此围龙屋建于1885年，占地面积3780m²，双层土木结构，内有八厅八井十八堂，全楼共83个房间（图6-11~图6-15）。承德楼楼前有半圆形风水池，建筑后园内栽有果树林。整座建筑坐西北朝东南，呈椭圆形分布，为"三堂两横一围龙"布局，建筑结构独特，工艺较为精湛，用料考究，目前被家族成员改建为具有客家民俗风情的餐厅。屋内保留大量鎏金木雕家具、屏风、花窗等小木作构件，梁檐、墙壁等处有保存较好的彩描装饰。

图6-10　承德楼鸟瞰航拍图

来源：http://www.mzta.gov.cn/spc/jdxl/jq/2013/0811/6077.html

图6-11　承德楼化胎（1）

图6-12　承德楼化胎（2）

图6-13　承德楼天街

图6-14　承德楼天井

图6-15　承德楼中堂

6.3.3 建筑价值评价计算

在考察完两座围龙建筑以后，给专家组发放围龙屋评价体系表，向专家组介绍评价体系准则，请其对两座围龙屋建筑给出评价意见。经过专家评分，得到各影响因子评分结果见表6-3。

德馨堂、承德楼各单项指标得分表　　　　　　　表6-3

指标	权重	德馨堂得分	承德楼得分
U_{11}大木作（含搭材作）	15.3%	7	8
U_{12}小木作	8.9%	5	8
U_{13}石作	4.3%	4	6
U_{14}土作	1.8%	8	6
U_{15}瓦作	1.4%	7	8
U_{16}装饰（裱糊作、彩画作、油漆作）	5.4%	6	9
U_{17}建筑规模	11.1%	5	9
U_{18}使用维护程度	3.1%	4	8
U_{19}建筑材料典型性	4.7%	8	4
U_{21}建筑年代	1.8%	7	8
U_{22}建筑相关的历史事件	2.0%	2	3
U_{23}原住家族赋值	2.6%	2	8
U_{24}建筑文化意象布局完整性（典型性）	6.8%	9	4
U_{25}化胎形制的契合度	5.1%	9	6
U_{26}围龙屋龙穴的形态	1.5%	8	6
U_{27}建筑信仰文化的其他布置	2.7%	8	5
U_{28}原住者的信仰文化、生活习俗的传承	2.6%	7	2
U_{29}建筑的可拓展性	1.3%	6	8
U_{31}周边自然环境风貌	2.5%	9	4
U_{32}围龙屋的地理位置（交通）	3.6%	6	8
U_{33}村落的规模及等级	1.8%	8	1
U_{34}村民的生活状态（现代化进程的科学性、和谐性）	0.6%	6	2
U_{35}周边围龙屋的数量	2.3%	9	2
U_{36}核心周边区域原住民众的比重	0.7%	8	4
U_{37}周边能反映时代风貌的其他设施（围龙、祠堂、牌坊、门楼、水井、街道等）的状态	0.9	9	2
U_{41}相关区域的规划政策	0.5%	8	4

指标	权重	德馨堂得分	承德楼得分
U_{42}地域性建筑保护措施的完备	1.4%	7	3
U_{43}民间组织的建立及作用	1.1%	3	8
U_{44}民俗（传统节日、手工、习俗）的传承情况	0.5%	7	3
U_{45}文学、美术、戏剧、曲艺等民间艺术的丰富程度	0.3%	4	4
U_{46}民众对围龙屋价值的关注度及认同感	0.8%	8	3

根据之前各因素对总目标权重值（表6-3）计算，换算成较容易比较的百分制、取小数点前两位，可得到总体结果见表6-4。

德馨堂、承德楼评价结果　　　　　　　　　　表6-4

	德馨堂	承德楼
U_1	34.10	42.80
U_2	19.05	12.93
U_3	10.01	5.03
U_4	2.85	2.04
总分	66.01	62.80

6.3.4　结果分析

通过计算，我们得到了两座围龙屋的单项得分和总得分，如图6-16~图6-19所示。

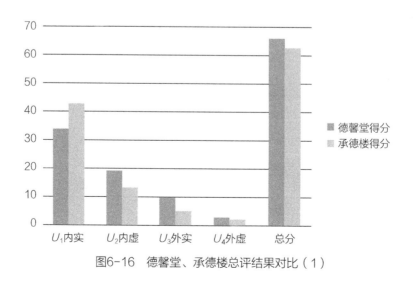

图6-16　德馨堂、承德楼总评结果对比（1）

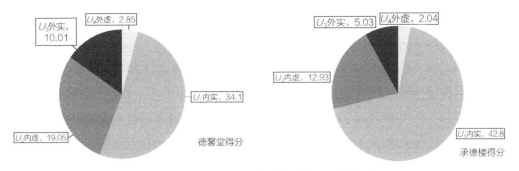

图6-17 德馨堂、承德楼总评结果对比（2）

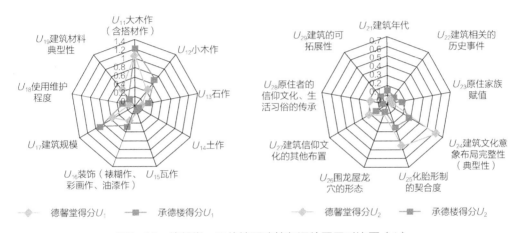

图6-18 德馨堂、承德楼两建筑各评价因子对比图（1）

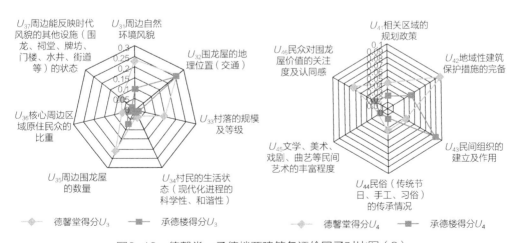

图6-19 德馨堂、承德楼两建筑各评价因子对比图（2）

从图6-16~图6-19我们可以直观地看出从围龙屋建筑价值的角度分析，德馨堂的得分要高于承德楼，德馨堂的主要价值体现在建筑的内虚、外实、外虚赋值上。因为德馨堂的建筑文化意象保存比较好，其化胎形制规范、与建筑物契合度比较高。虽然内部使用维护情况不是很理想，有些地方的墙面已经脱落，后期维护没有做到位，不过建筑使用的材料比较传统，是客家围龙屋建造的典型材料三合土，围龙屋的龙穴、风水池以及其他信仰空间都保存较好，该屋现依然由潘氏后人居住，每逢重大节日或族内有名望先辈的祭日，家族依然要举行重大祭拜仪式，习俗传承也比较完整。德馨堂地处梅县南口侨乡村，建筑周边山川秀丽、自然环境优美，景观元素较丰富，能很好地满足人们审美需求，而且侨乡村整体被住建部、文化部、财政部等部门联合认定为中国第一批古村落，因此德馨堂周边环境能反映时代风貌的围龙、祠堂、牌坊、门楼、水井等设施保存较为完好，政府对于该区域内的古建筑保护政策也比较完备。

承德楼的建筑价值主要体现在建筑的内部实体上，其建筑内主要木结构部分，如柱、梁、枋、檩等结构质量较好，小木作工艺精湛，门、窗、隔断、栏杆、外檐装饰、地板、天花、楼梯、龛橱等构件的制作繁复、精巧，装饰性强。该围屋目前被后人改建为具有客家风情的餐厅，所以其修缮维护的程度较好，但也因此失去了围龙屋的居住性质，生活保障设施较不完善。该围龙屋坐落于市区，周边建筑随着城市更新已经几乎没有保留时代特征的建筑设施，所以外虚、外实部分赋值较低。

6.3.5　建议

通过此次围龙屋建筑价值评价的结果分析，可以看出两座建筑在政策性加分上有一定差别，位于政府公布的中国第一批古村落侨乡村之中的德馨堂在保护政策、保护资金、保护措施上面都有优势。从基准层面看德馨堂的价值优势在于内虚、外虚、外实几方面因素，对于地区优势环境的围龙屋建筑，应该重点关注内部实体的赋值因素上，包括对木结构的加固维修，对建筑内部的小木作构件如门、窗、隔断、天花、龛橱等部分进行修护，装饰部分重新粉刷上色等。承德楼则由于后期改造为营业场所，内部装饰修缮较好，但也是由于建筑用途的改变，内部的信仰空间等包含文化价值的建筑构件有些已经破损和缺失，这一点导致围龙屋的建筑文化意象不完整，另外因为建筑已经不做居住所用，围龙屋中的生活习俗缺失，应多注重文化、习俗、建筑意象等内部虚值的增值上。

本章小结

本章阐述了围龙屋价值评价体系的作用是对不同围龙屋进行量化评估，评选出综合价值比较高的围龙屋民居建筑，同时也为后期的等级划分、保护开发等多方面工作提供数据支持，并且运用专家调查法、语义差别法等方法，制定了围龙屋评价因子的标准，然后结合前面的评价因子权重值，针对两处围龙屋进行评分实践，通过结果分析最后给出建议。

结语

　　本研究课题从客家民系的产生入手，总结了客家民系产生的时代背景、历史缘由。客家民系形成以后，经过数次迁徙，从中原地区逐渐发展渗透到闽粤赣三省交会的山区地带落地生根，最终形成目前客家族群主要的生活区域。长久以来在政治、经济、社会、文化等多方面因素综合影响下，最终孕育出客家围龙屋这一具有客家民居代表性的建筑形式。

　　本课题的进行，首先是对地域性建筑文化研究的补充和完善。课题聚焦于梅县地区客家建筑这一对象开展调研、解读、剖析和论证，从建筑历史、类型、建造技术、建筑形制、装饰艺术、社会文化等因素进行整体梳理和分析，概括出区内客家围屋形制演变的基本特点和发展规律，是对当前客家民居建筑研究的推进。其次，通过实地调研、专家调查法等形式对评价数据进行采集，建立一套多层次、综合性的客家围龙屋量化评价体系。明确各因子的权重赋值，运用SD差别法判断因子评级，深化量化评价方法，提高评价体系的科学性和有效性。以层次分析法作为依据，把建筑价值解析为内、外、虚、实四个维度建立基准层，评价指标包括建筑本体、周边环境、保护措施、建筑拓展性、公众意见等方面因素，是对原有建筑评价体系的细分和推进，深化了前人的研究成果，同时把评价因子进行权重赋值，这样可以更准确更全面地评估围龙屋建筑价值。最后，本课题的完成不仅可以对围龙屋进行量化评价，还可以对围龙屋建筑进行聚类分析、划分等级保护，延伸了评价体系的用途，对围龙屋建筑后续保护性开发增值给出措施和建议。

　　与此同时，由于人力、物力、财力以及个人能力有限，研究体系还存在一定的局限性：第一，评价体系的构建受到评价体系作者的知识水平限制，同时也受限于专家团队的组成。研究的推进尽管都采用相对科学的量化办法，力图降低评价体系的主观性，但是评价这一活动毕竟是人们为了一定目标而发起的，研究的范围和框架跳不出作者预设的目标和内容，而且虽然评价因子已经量化为若干等级，但是不同专家组成员依然会受到自身知识结构和观念的影响，给出的评价结果在某种程度上依然带有主观性。第二，部分评价指标的量化仍然需要深入研究，某些指标本研究暂时未找到更为有效的量化方法。第三是评价因子可以进一步改善，受限于时间、空间、资金等条件，可给出的调查数据是有限的，随着时间的推进和科技的进步发展，当可以构建围龙屋建筑评价调查大数据库的时候，评价因子将更科学和准确。

因此，针对课题的局限性，本研究还可以从以下几个方面深入进行，首先是尽量扩大专家范围，这样评价组的意见将会更客观；其次综合评价方法可以继续深入研究，综合评价方法属于交叉学科，已经应用于社会多个领域，其在建筑评价领域的数学模型和评价原理还可以进一步深入探讨；最后是注重积累数据资料，尽快建立建筑评价体系的大数据库，以求评价过程和评价结果更科学、更全面。

附录1

中国文物研究所查群建立的建筑遗产利用性评价体系

1. 中国传统木构建筑遗产可利用性评估权重

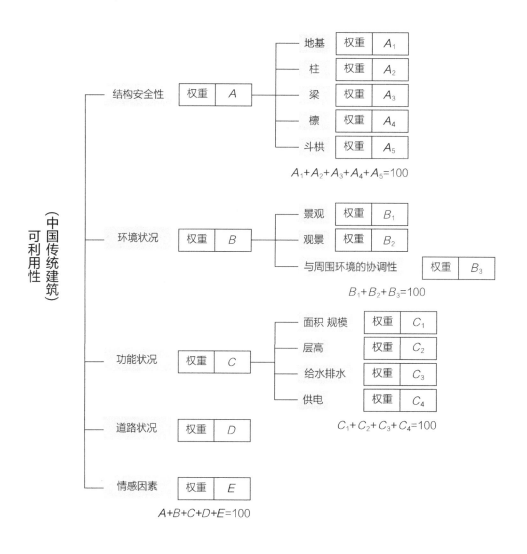

$A_1+A_2+A_3+A_4+A_5=100$

$B_1+B_2+B_3=100$

$C_1+C_2+C_3+C_4=100$

$A+B+C+D+E=100$

2. 中国近代砖混建筑遗产可利用性评估权重

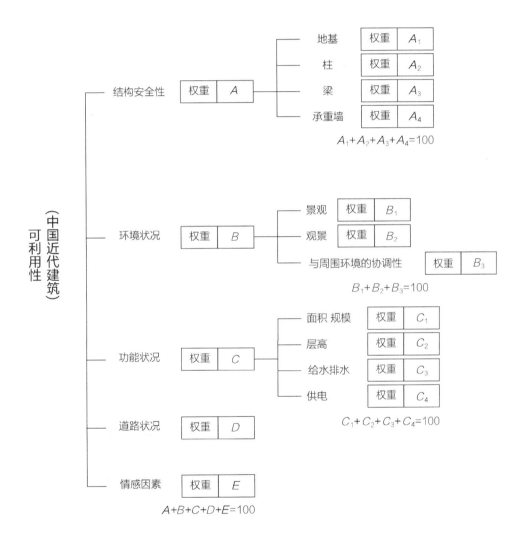

附录2

东南大学朱光亚教授建立的建筑遗产评估体系

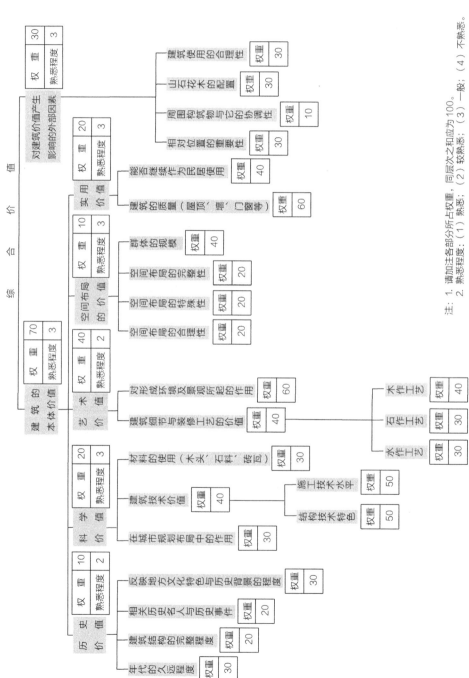

附录3

围龙屋评价体系指标集合调查问卷

现就围龙屋民居建筑的评价体系的评价因素集作调查，请您在认为应该包括在评价体系内的因素后面方格填√，认为应该排除的填×，感谢您支持。本调查问卷的结果统计将只作数据采集之用。

一：您的专业：

□ 建筑历史　　□ 建筑设计　　□ 城市规划　　□ 地理学　　□ 景观和园林设计
□ 管理学　　　□ 法律学　　　□ 考古学　　　□ 旅游学　　□ 其他

二：您对历史建筑评价体系建立以及运用方法的了解程度以数字打分（5为最高）：

□ 5　　　　□ 4　　　　□ 3　　　　□ 2　　　　□ 1

三：与您专业相关评价因素如下，您认为应排除的请在其后的方格里填×。

评价指标细则				
建筑内实	内外表面维护程度		结构稳定性	
	形制的典型性		空间布局	
	建造的工艺水平		材料应用	
	建筑规模		木作技法	
	石作技法		绘画等彩色装饰技法	
	其他（请填写您认为可增加的参考指标）：			
建筑内虚	建筑年代		建筑历史事件	
	建筑家族的历史		建筑文化内涵	
	非物质文化资源			
	其他（请填写您认为可增加的参考指标）：			
建筑外实	A. 自然灾害对村镇潜在的危害		B. 环境污染程度及其处理的好坏程度	
	C. 生态系统的协调性		D. 村镇周边环境的自然景观状况	
	E. 村镇周边的人文景观			

		评价指标细则		
6. 民俗文化	A. 传统方言以及语言习惯的保留情况		B. 传统节日的丰富程度	
	C. 传统服饰的特殊性		D. 传统手工艺的有无	
	E. 传统美食的种类多少			
7. 生活延续	A. 现代社会文化对居民生活的影响程度		B. 核心区原住民的居住人数的多少	
	C. 传统生活习惯的延续情况			
8. 保护机制	A. 保护管理办法的制定的完备性		B. 保护的专门机构和人员情况	
9. 保护编制	A. 保护规划的编制与实施情况		B. 保护规划与城市规划的和谐性及可操作性	
10. 保护修复	A. 对历史建筑和文物古迹进行登记建档并实行挂牌保护		B. 对已经修复的建筑建立公示栏	
	C. 对居民和游客建立有警示意义的保护标志			
11. 公众参与	A. 民间保护组织的建立及其作用		B. 居民参与保护措施的决策力度	
	C. 民间自发修订的乡规民约及其作用		D. 居民的好客度和自豪感	
12. 保护资金的循环	A. 政府规划拨保护资金占保护资金总额的比例及其可持续性		B. 传统商业和手工业收益占保护资金总额的比例及其可持续性	
	C. 旅游业收益占保护资金总额的比例及其可持续性		D. 开发商对历史建筑再利用的投资与收益占保护资金总额的比例及其可持续性	
	E. 居民筹集的资金占保护资金总额的比例及其可持续性			

四：请您基于您的专业知识，提出您认为评价体系应该补充的内容：

附录4

围龙屋评价体系指标采集表

尊敬的专家：

非常感谢您百忙之中帮助我完成这项研究，您的意见对于本次研究十分重要，请您根据对相应指标的判断，填写权重采集表，给出各指标之间的重要性评价。

说明：

1 表示 i 与 j 同等重要，3 表示 i 与 j 稍微重要，5 表示 i 与 j 明显重要，7 表示 i 与 j 强烈重要，9 表示 i 与 j 极端重要，2、4、6、8 表示上述两项的中间值。

围龙屋价值 U_{ij}	内虚 U_{j1}	内实 U_{j2}	外虚 U_{j3}	外实 U_{j4}
内虚 U_{i1}	1			
内实 U_{i2}		1		
外虚 U_{i3}			1	
外实 U_{i4}				1

内实U_{1i}	大木作（含搭材作）U_{11}	小木作U_{12}	石作U_{13}	土作U_{14}	瓦作U_{15}	装饰（裱糊作、彩画作、油漆作）U_{16}	建筑规模U_{17}	使用维护程度U_{18}	建筑材料典型性U_{19}
大木作（含搭材作）U_{11}	1								
小木作U_{12}		1							
石作U_{13}			1						
土作U_{14}				1					
瓦作U_{15}					1				
装饰（裱糊作、彩画作、油漆作）U_{16}						1			
建筑规模U_{17}							1		
使用维护程度U_{18}								1	
建筑材料典型性U_{19}									1

内涵U_{2i}	建筑年代U_{21}	建筑相关的历史事件U_{22}	原住家族赋值U_{23}	建筑文化意象布局完整性（典型性）U_{24}	化胎形制的契合度U_{25}	围龙屋龙穴的形态U_{26}	建筑信仰文化的其他布置U_{27}	原住者的信仰文化、生活习俗的传承U_{28}	建筑的可拓展性U_{29}
建筑年代U_{21}	1								
建筑相关的历史事件U_{22}		1							
原住家族赋值U_{23}			1						
建筑文化意象布局完整性（典型性）U_{24}				1					
化胎形制的契合度U_{25}					1				
围龙屋龙穴的形态U_{26}						1			
建筑信仰文化的其他布置U_{27}							1		
原住者的信仰文化、生活习俗的传承U_{28}								1	
建筑的可拓展性U_{29}									1

广东梅县客家围龙屋建筑遗产及其评价研究——

外实U_{3i}	周边自然环境风貌U_{31}	围龙屋的地理位置（交通）U_{32}	村落的规模及等级U_{33}	村民的生活状态（现代化进程的科学性、和谐性）U_{34}	周边围龙屋的数量U_{35}	核心周边区域原住民众的比重U_{36}	周边能反映时代风貌的其他设施（围龙、祠堂、牌坊、门楼、水井、街道等）的状态U_{37}
周边自然环境风貌U_{31}	1						
围龙屋的地理位置（交通）U_{32}		1					
村落的规模及等级U_{33}			1				
村民的生活状态（现代化进程的科学性、和谐性）U_{34}				1			
周边围龙屋的数量U_{35}					1		
核心周边区域原住民众的比重U_{36}						1	
周边能反映时代风貌的其他设施（围龙、祠堂、门楼、牌坊、水井、街道等）的状态U_{37}							1

外虚U_4	相关区域的规划政策U_{41}	地域性建筑保护措施的完备U_{42}	民间组织的建立及作用U_{43}	民俗（传统节日、手工、习俗）的传承情况U_{44}	文学、美术、戏剧、曲艺等民间艺术的丰富程度U_{45}	民众对围龙屋价值的关注度及认同感U_{46}
相关区域的规划政策U_{41}	1					
地域性建筑保护措施的完备U_{42}		1				
民间组织的建立及作用U_{43}			1			
民俗（传统节日、手工、习俗）的传承情况U_{44}				1		
文学、美术、戏剧、曲艺等民间艺术的丰富程度U_{45}					1	
民众对围龙屋价值的关注度及认同感U_{46}						1

附录5

围龙屋评价体系权重

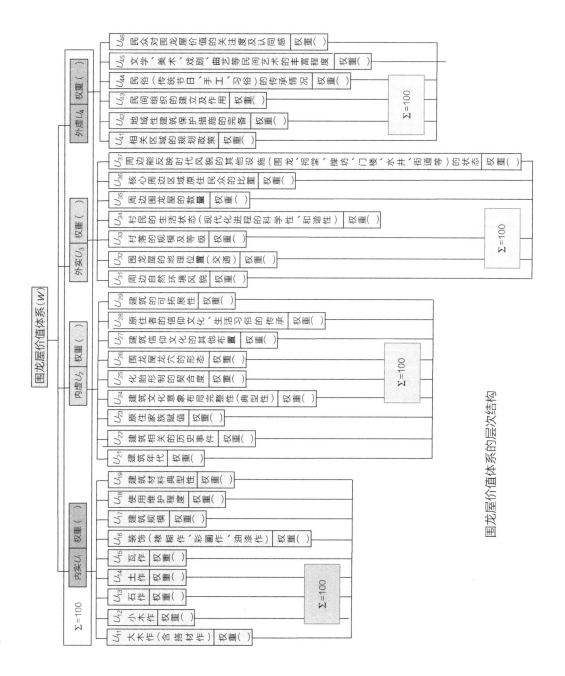

围龙屋价值体系的层次结构

广东梅县客家围龙屋建筑遗产及其评价研究——

参考文献

[1] 《福建土楼》编委会. 世界遗产公约申报文化遗产：中国福建土楼[M]. 北京：中国大百科全书出版社，2007.

[2] 岑家梧. 中国民俗艺术概说[M]. 北京：民族出版社，1992.

[3] 查群. 对建筑遗产的可利用性评估[J]. 建筑学报，2000（11）：48-51.

[4] 陈纲伦. 从"殖民输入"到"古典复兴"——中国近代建筑史的历史分期与设计思潮[M]//汪坦主编. 第三次中国近代建筑史研究讨论会论文集. 北京：中国建筑工业出版社，1999.

[5] 陈支平. 客家流源新论[M]. 南宁：广西教育出版社，1997.

[6] 陈志华，李秋香. 梅县三村[M]. 北京：清华大学出版社，2007.

[7] 程建军. 风水与建筑[M]. 北京：中央编译出版社，2010.

[8] 迟轲 主编. 西方美术理论文选[M]. 成都：四川人民美术出版社，1993.

[9] 戴颂华. 中西居住形态比较研究——源流·交融·演进[D]. 上海：同济大学，2000.

[10] 邓福星. 中国民间美术全集·神像卷[M]. 济南：山东教育（友谊）出版社，1994.

[11] 邓秋才，韩铭哲，段广德. 哈达门国家森林公园风景质量的分析与评价[J]. 内蒙古林学院学报，1996（18）：11-19.

[12] 邓晓华. 论客家方言的断代及相关音韵特征[J]. 厦门大学学报，1997（4）：101-105.

[13] 杜栋，庞庆华，吴炎. 现代综合评价方法与案例精选[M]. 北京：清华大学出版社，2008.

[14] 樊瑛. 运筹学[M]. 大连：东北财经大学出版社，2006.

[15] 房学家. 粤东古镇松口的社会变迁[M]. 广州：花城出版社，2002.

[16] 房学嘉. 客家民俗[M]. 广州：华南理工大学出版社，2006：164-176.

[17] 费菁. 超媒介：当代艺术与建筑[M]. 北京：中国建筑工业出版社，2005.

[18] 费孝通. 乡土中国[M]. 北京：生活·读书·新知三联书店，1985.

[19] 费正清. 美国与中国[M]. 北京：商务印书馆，1987.

[20] 傅熹年. 中国古代建筑史[M]. 北京：中国建筑工业出版社，2001.

[21] 傅熹年. 中国古代城市规划、建筑群布局及建筑设计方法研究[M]. 北京：中国建筑工业出版社，2001.

[22] 傅熹年. 中国古代建筑史[M]. 北京：中国建筑工业出版社，2003.

[23] 傅熹年. 中国古代建筑史[M]. 北京：中国建筑工业出版社，2010.

[24] 郭建川. 四川客家民居与广东客家民居比较研究[D]. 成都：西南交通大学，2003.

[25] 郭谦. 湘赣民系民居建筑与文化研究[M]. 北京：中国建筑工业出版社，2005.

[26] 胡大新. 永定客家土楼研究[M]. 北京：中央文献出版社，2006.

[27] 胡希张，莫日芬，董励，等. 客家风华[M]. 广州：广东人民出版社，1997.

[28] 黄汉民. 客家土楼民居[M]. 福建：福建教育出版社，1995.

[29] 孔永松，李小平. 客家宗族社会[M]. 福州：福州教育出版社，1995.

[30] 赖德林. 中国近代建筑史研究[M]. 北京：清华大学出版社，2007.

[31] 赖伦海. 解读客家民间的多神崇拜[J]. 粤海风，2005（2）：12.

[32] 李逢蕊. 客家人界定初论[J]. 客家学研究，1990（2）：11-13.

[33] 李广元. 东方色彩研究[M]. 哈尔滨：黑龙江美术出版社，1994.

[34] 李海清. 中国建筑现代转型[M]. 南京：东南大学出版社，2004.

[35] 李泽厚. 美术三书[M]. 合肥：安徽文艺出版社，1999：128.

[36] 梁思成. 中国雕塑史[M]. 北京：百花文艺出版社，1998.

[37] 梁雪春，达庆利，朱光亚. 我国城乡历史地段综合价值的模糊综合评价[J]. 东南大学学报，2002（2）：44-46.

[38] 林嘉书. 客家土楼与文化[M]. 台北：博远出版有限公司，1992.

[39] 林骧华 主编. 外国学术名著精华辞典：第二卷[M]. 上海：上海人民出版社，1994.

[40] 林晓平. 关于客家及其相关概念的思考[J]. 客从何来，1998（3）：76-78.

[41] 刘滨谊. 风景景观工程体系化[M]. 北京：中国建筑工业出版社，1990.

[42] 刘敦桢. 中国住宅概说[M]. 天津：百花文艺出版社，2004.

[43] 刘敦祯. 中国古代建筑史[M]. 第2版. 北京：中国建筑工业出版社，1984.

[44] 刘健. 法国历史街区保护实践——以巴黎市为例[J]. 北京规划建设，2013（4）：22-28.

[45] 刘先觉. 现代建筑理论[M]. 第2版. 北京：中国建筑工业出版社，2008.

[46] 刘晓春. 三寮村风水文化考察[J]. 寻根，2006（2）：132-136.

[47] 刘晓宇. 对建筑类型学及其方法论的浅识[J]. 西安建筑科技大学学报，2011（2）：47.

[48] 刘叙杰. 中国古代建筑史[M]. 北京：中国建筑工业出版社，2003.

[49] 刘宇波. 生态地域观[D]. 广州：华南理工大学，2002.

[50] 刘源. 中国（大陆地区）建筑期刊研究[D]. 广州：华南理工大学，2007.

[51] 刘致平. 中国建筑类型及结构[M]. 北京：中国建筑工业出版社，1987.

[52] 陆琦. 广东民居[M]. 北京：中国建筑工业出版社，2008.

[53] 陆元鼎，魏彦钧. 广东民居[M]. 北京：中国建筑工业出版社，1990.

[54] 陆元鼎，杨谷生. 中国民居建筑[M]. 广州：华南理工大学出版社，2004.

[55] 陆兆苏，余国宝，张治强，等. 紫金山风景林地动态及其经营对策[J]. 南京林学院学报，1985（3）：12.

[56] 陆兆苏，赵德海，赵仁寿. 南京市钟山风景区森林经理的实践和研究[J]. 华东森林经理，1991（5）：8.

[57] 罗香林. 客家流源考[M]//香港崇正总会三十周年纪念特刊，1950.

[58] 罗香林. 客家学导论[M]. 上海：上海文艺出版社，1992.

[59] 罗香林. 客家研究导论[M]. 台北：古亭书屋，1975.

[60] 罗勇. 客家与风水术[J]. 客家研究辑刊，1997（2）.

[61] 马清运. 类型概念及建筑类型学[J]. 建筑师，1990（8）：67.

[62] 梅县地方志编撰委员会 编. 梅县志[M]. 广州：广东人民出版社，1994.

[63] 梅州市地方志编纂委员会 编. 梅州市志[M]. 广州：广东人民出版社，1999.

[64] 墨非. 文化与社会人类学引论[M]. 北京：商务印书馆，1994.

[65] 潘安. 客家民系的儒农文化与聚居建筑[M]//陆元鼎 主编. 中国客家民居与文化. 广州：华南理工大学出版社，2001.

[66] 潘昌坤. 客家摇篮赣州[M]. 南昌：江西人民出版社，2004.

[67] 钱翰. 略说五行之"五"[J]. 北京师范大学学报，2007（4）：72-78.

[68] 钱穆. 中国文化史导论[M]. 北京：商务印书馆，1994.

[69] 沈克宁. 建筑类型学与城市形态学[M]. 北京：中国建筑工业出版社，2010.

[70] 宋光兴，杨德礼. 模糊判断矩阵的一致性检验和一致性改进方法[J]. 系统工程，2003（1）：110-112.

[71] 孙大章. 中国民居研究[M]. 北京：中国建筑工业出版社，2004：19.

[72] 孙凤云，李俊英，史萌，等. 城市公园林缘景观美学质量评价[J]. 沈阳农业大学学报，2011（12）：736-739.

[73] 谭其骧. 中国历史地图集[M]. 北京：中国地图出版社，1996.

[74] 谭元亨，黄鹤. 客家与华夏文明[M]. 广州：华南理工大学出版社，2001.

[75] 谭元亨. 客家民居——文化记忆的一次历史性定格[M]//陆元鼎 主编. 中国客家民居与文化. 广州：华南理工大学出版社，2001.

[76] 谭元亨. 客家文化史[M]. 广州：华南理工大学出版社，2009.

[77] 谭元亨. 客家新探[M]. 广州：华南理工大学出版社，2006.

[78] 唐孝祥. 近代岭南建筑美学研究[D]. 广州：华南理工大学，2002.

[79] 唐元义，胡清峰，骆有德. 层次分析法的一种新标度法[J]. 鄂州大学学报，2005（6）：40-41.

[80] 唐兆民. 围龙屋——客家民系千年历史发展的佐证[J]. 兰台世界，2011（1）：36-37.

[81] 王保忠，何平，安树青，等. 南洞庭湖湿地景观文化的结构与特征研究[J]. 湿地科学，2005（3）：241-248.

[82] 王彩霞，何平，王保忠，等. 株洲市道路植物景观的数量化分析[J]. 中南林学院学报，2004（24）：100-103.

[83] 王东. 客家学导论[M]. 上海：上海人民出版社，1996.

[84] 王笃芳. 中国民间木雕技法[M]. 北京：中国劳动社会保障出版社，2010.

[85] 王健. 广府民系民居建筑与文化研究[D]. 广州：华南理工大学，2002.

[86] 王丽君. 广义建筑类型学研究[D]. 天津：天津大学，2002：10.

[87] 王丽君. 建筑类型学[M]. 天津：天津大学出版社，2005.

[88] 王晓俊. 风景资源管理和视觉影响评估方法初探[J]. 南京林业大学学报，1992（3）：70-76.

[89] 维特鲁威. 建筑十书[M]. 高履泰 译. 北京：中国建筑工业出版社，1986.

[90] 吴良镛. 广义建筑学[M]. 北京：清华大学出版社，1990.

[91] 吴凌鸥，日本文化财保护体系解析[J]. 哈尔滨：黑龙江教育学院学报，2009（6）：6.

[92] 吴庆洲. 建筑哲理、意匠与文化[M]. 北京：中国建筑工业出版社，2005.

[93] 吴庆洲. 中国客家建筑文化[M]. 武汉：湖北教育出版社，2007.

[94] 吴松弟. 客家南宋源流说[J]. 复旦学报（社会科学版），1995（5）：108-113.

[95] 吴卫光. 围龙屋建筑形态的图像学研究[M]. 北京：中国建筑工业出版社，2010.

[96] 吴永章. 客家文化中心的历史变迁与启示[J]. 嘉应学院学报（哲学社会科学），2006（4）：5-8.

广东梅县客家围龙屋建筑遗产及其评价研究

[97] 吴自强，吴梦麟. 古代石刻通论[M]. 北京：紫禁城出版社，2003.

[98] 谢凝高. 试论因山就势[J]. 中国园林，1985（1）：47-52.

[99] 谢重光. 客家流源新探[M]. 福州：福建教育出版社，1995.

[100] 许树柏. 层次分析法[M]. 北京：煤炭工业出版社，1988.

[101] 杨海军，祝廷成，丸山纯孝. 草地景观视觉效果的定量评价研究——以日本北海道士裸新建草地为例[J]. 草业科学，2004（4）：106-111.

[102] 杨星星. 清代归善县客家围屋研究[D]. 广州：华南理工大学，2011：9-11.

[103] 殷晓君. 传统建筑的保护和再利用——以龙南客家围屋为例[D]. 南昌：南昌大学，2008.

[104] 于希贤. 法天象地[M]. 北京：中国电影出版社，2006.

[105] 余英. 中国东南系建筑区系类型研究[M]. 北京：中国建筑工业出版社，2001.

[106] 张道一. 中国民间美术的美学特征[M]. 哈尔滨：黑龙江美术出版社，1994.

[107] 张道一. 中国民间美术概说[M]. 济南：山东美术出版社，1992.

[108] 张艳玲. 历史文化村镇评价体系研究[D]. 广州：华南理工大学，2011.

[109] 赵双成. 中国建筑彩画图案[M]. 天津：天津大学出版社，2010.

[110] 中共市委宣传部 编. 客家民居（梅县卷）[M]. 广州：华南理工大学出版社，2012.

[111] 中华书局辞海编辑所 主编. 辞海[M]. 第6版. 上海：上海辞书出版社，2009.

[112] 周培杰. 居住建筑传统元素的现代传承与表达[D]. 合肥：合肥工业大学，2006.

[113] 朱光亚，方遒，雷晓鸿. 建筑遗产评估的一次探索[J]. 新建筑，1998（2）：23-25.

[114] 朱向东，申宇. 历史建筑遗产保护中的历史价值评定初探[J]. 山西建筑，2007（34）：5-8.

[115] 阿摩斯·拉普卜特. 宅形与文化[M]. 常青，徐菁，李颖春等译. 北京：中国建筑工业出版社，2007.

[116] 贝塔朗菲. 一般系统论——基础、发展和应用[M]. 林康义，魏宏森等译. 北京：清华大学出版社，1987.

[117] 彼得·罗. 关晟. 承传与交融——探讨中国近现代建筑的本质与形式[M]. 成砚 译. 北京：中国建筑工业出版社，2004.

[118] 勃罗德彭特 等. 符号·象征与建筑[M]. 乐民成 译. 北京：中国建筑工业出版社，1998.

[119] 布鲁诺·赛维. 建筑空间论——如何品评建筑[M]. 张似赞 译. 北京：中国

建筑工业出版社，2006.

[120] 查尔斯·詹克斯. 后现代建筑语言[M]. 李大夏 译. 北京：中国建筑工业出版社，1986.

[121] 楚尼斯·勒费夫尔. 批判性地域主义：全球化世界中的建筑及其特性[M]. 王丙辰 译. 北京：中国建筑工业出版社，2007.

[122] 卡斯腾·哈里斯. 建筑的伦理功能[M]. 申嘉，陈朝晖 译. 北京：华夏出版社，2001.

[123] 肯尼斯·弗兰姆普敦. 现代建筑：一部批判的历史[M]. 张钦楠 等译. 北京：生活·读书·新知三联书店，2004.

[124] 拉普普. 住屋形式与文化[M]. 张玫玫 译. 台北：台湾境与象出版社，1998.

[125] 李约瑟. 中国古代科学思想史[M]. 陈立夫 主译. 南昌：江西人民出版社，1990.

[126] 琳恩·伊丽莎，卡萨德勒·亚当斯. 新乡土建筑：当代天然建造方法[M]. 吴春苑译. 北京：机械工业出版社，2005.

[127] 罗伯特·文丘里. 建筑的复杂性与矛盾性[M]. 周卜颐 译. 北京：中国建筑工业出版社，1991.

[128] 罗兰·巴特. 符号学美学[M]. 董学文 译. 沈阳：辽宁人民出版社，1987.

[129] 诺伯特·舒尔茨. 场所精神：迈向建筑现象学[M]. 施植明 译. 台北：台湾田园城市文化事业有限公司，1995.

[130] 斯塔夫里阿诺斯. 全球通史[M]. 吴家婴，梁赤民 译. 上海：上海社会科学院出版社，1999.

[131] Arendt H. The Human Condition[M]. Chicago: The University of Chicago Press, 1998.

[132] Benedikt M. For an Architecture of Reality[M]. New York：Lumen Books，1987.

[133] Blier S P. The Anatomy of Architecture：Ontology and Metaphor in Batammaliba Architectural Expression[M]. Chicago：The University of Chicago Press，1987.

[134] Borden I, Kerr J, Rendell J et al. The Unkown City：Contesting Architecture and Social Space[M]. Cambridge：The MIT Press，2002.

[135] Colomina B. Privacy and Publicity: Modern Architecture as Mass Media[M]. Cambridge: The MIT Press, 2001.

[136] Crowe N. Nature and the Idea of a Man-made world: An Investigation into the Evolutionary Roots of Form and Order in the Built Environment[M]. Cambridge: The MIT Press, 1997.

[137] De Landa M. A Thousand Years of Nonlinear History[M]. New York: Zone Books, 2000.

[138] Fiske J. Introduction to Communication Studies[M]. London: Routledge, 1982.

[139] Goldhagen S W, Legault R. Anxious Modernisms:Experimentation in Postwar Architectural Culture[M]. Cambridge: The MIT Press，2000.

[140] Hadas M. A history of Rome, from its origins to 529 A.D.[M]. New York: Doubleday, 1956.

[141] Laugier M A. A Essay on Architecture[M]. Los Angeles: Hennessey & Ingalls, 1977.

[142] Moneo R. Theoretical Anxiety and Design Strategies: In the Work of Eight Contemporary Architects[M]. Cambridge: The MIT Press, 2004.

[143] Moore K D. Culture-Meaning-Architecture: Critical Reflections on the Work of Amos Rapoport[M]. Aldershot: Ashgate Press，2000.

[144] Ockman J. Architecture Culture 1943-1968: A Documentary Anthology（Columbia Books of Architecture）[M]. New York: Rizzoli, 2005.

[145] Panerai P, Castex J, Depaule J C，et al. Urban Forms: The Death and Life of The Urban Block[M]. New York: Architectural Press, 2004.

[146] Panofsky E. Perspective as Symbolic Form[M]. Translated by Wood C S. New York: Zone Books, 1997.

[147] Urry J. Sociology Beyond Societies: Mobilities for the Twenty-first Cenury[M]. London: Routledge，2000.

[148] Xue C Q L. Building a Revolution: Chinese Architecture Since 1980[M]. Hong Kong: Hong Kong University Press, 2006.

[149] Xue C Q L. World Architecture in China, Importation and Adaptation 1978-2008[M]. Hong Kong: Joint Publication Ltd., 2009.

后记

　　本书是在我的博士论文《梅县客家围龙屋建筑遗产及其评价研究》的基础上修改而成。进行客家传统建筑的研究，一方面是因为作为在客家地区有童年生活经历的我对客家传统建筑有着浓厚兴趣，另一方面也确实感到这类研究的必要性和紧迫感。然而，真正开始研究及撰写的时候，方感受到这项研究确实不易。研究涉及多科学知识体系，对于仅有单一知识背景的研究者来说，其难度和艰辛是始料未及的。幸运的是，在撰写过程中得到了师长、同窗、朋友和家人的许多帮助，我谨在此表达由衷的感激之情。

　　首先以最诚挚的敬意感谢我的博士生导师方海教授。方海教授严谨的治学态度，求实的科研精神和高尚的品格潜移默化地影响着我、激励着我。先生渊博的知识修为、勤勉的工作作风令我敬佩不已，每当我研究进程遇到困难的时候，先生总能高屋建瓴地为我的研究把握方向。书中若有点滴所成，皆应归功于导师从选题、研究分析到写作过程中对于本人的悉心指导。

　　感谢广东工业大学艺术与设计学院的胡飞教授、蒋雯教授、陆定邦教授、陈朝杰、赵璧、钟韬、张立、潘莉等老师在我求学期间给予的帮助、关心和支持。感谢凌继尧教授、柳冠中教授、娄永琪院士、陆元鼎教授、唐孝祥教授、吴庆洲教授、陈汗青教授、周浩明教授、卢世主教授、杨先艺教授、陈红旗教授、黄敏文教授、孟繁谊副教授等专家在选题、撰写、评审、答辩等阶段的提点和指导。也要感谢本书征引和参考过文献资料的学术前辈们，没有你们的科研成果，本研究将难以完成。

　　特别感谢李绪洪教授给予我的多方面支持和殷切指导。感谢广东省普通高校重点科研平台青年创新人才类项目基金（2018WQNCX171）、嘉应学院博士启动基金的支持。感谢中国建筑工业出版社吴宇江编审的鼎力相助。

最后还要感谢我的父母和家人，正是你们的关爱、理解、支持和鼓励，才使得我有不断前进的动力！

路漫漫其修远兮，吾将上下而求索！

杨　帅

2017年10月30日初稿写于广州区庄

2019年12月14日校改于梅州阴那山下